Corinna Bachmann

DiscDogging für Einsteiger

Spaß mit Hund und fliegender Scheibe

KYNOS VERLAG

Fotos: Nina Dietrich, Ingo Bachmann
Zeichnungen: Christina Panse

Dr. Dieter Fleig GmbH • 54570 Mürlenbach/Eifel
Telefon: 06594/653 • Telefax: 06594/452
http://www.kynos-verlag.de

Gesamtherstellung: Druckerei Anders GmbH, 54595 Niederprüm

ISBN 3-933228-87-5

Inhaltsverzeichnis

- Vorwort 5

- Wer hat's erfunden? 6
- Die Disziplinen 8
    - Long Distance 8
    - Mini Distance 8
    - Freestyle 9

- Was muss man beim DiscDogging beachten? 11
    - Der Ort 11
    - Gesundheitshinweise 12

- Welche Scheibe darf's denn sein? 16

- Exkurs: So lernt der Hund 19
    - Motivation 19
    - Belohnung 20
    - Lernen 22
    - Extinktion 24
    - Lockmittel 25
    - Signale 26

- Die Grundlage - Wurftechniken 27
    - Rückhandroller 27
    - Vorhandroller 28
    - Rückhand 28
    - Vorhand 30
    - Weitere Techniken 31
    - Variationen 32

- Die Anfänge - Catches von der Erde und aus der Luft 34
    - Interesse an der Scheibe wecken 34
    - Catches von der Erde 35
    - Training mit dem Klicker 37
    - Catches aus der Luft 37
    - Mögliche Probleme und ihre Lösung 38

Inhalts-verzeichnis

- DiscDogging mit dem Welpen 56

- Mehrere Scheiben einsetzen 58
  - Die zweite Scheibe 58
  - Drei und mehr Scheiben 60

- Freestyle-Elemente 61

- Wie erstellt man eine Freestyle-Kür? 65
  - Grundlagen 65
  - Scheibenhandling 65
  - Die Elemente 66
  - Die Musik 84

- Der große Tag - Auf zum Wettkampf 86
  - Im Auto 86
  - Packliste 86
  - Übernachtung 88
  - Auf dem Wettkampfgelände 88

- Aus Fehlern lernen 91

- Service 93

- Literatur 94

- Verzeichnis 96

Vorwort

Als die ersten Frisbee®-spielenden Hunde auf deutschen Hundeausstellungen und Veranstaltungen auftauchten, rieb sich so manch einer verwundert die Augen: Was war das schon wieder für eine verrückte Idee? Die Begeisterung, mit der Hunde und Menschen an diesen Sport herangingen, wirkte aber so ansteckend, dass sich immer mehr Nachahmer fanden. Langweiliges Bällchen werfen war out - und fliegende Scheiben in!

Mittlerweile gibt es eine Menge Bücher über alle erdenklichen Sportarten und Beschäftigungsmöglichkeiten mit dem Hund. Hin und wieder wird dort auch einmal das Fangen einer Frisbee®-Scheibe erwähnt, allerdings fehlt in der Regel die Beschreibung der wichtigen Grundlagen. Dies führt in der Praxis häufig zu der enttäuschenden Erfahrung, dass der Hund es gar nicht erst bis zum Fangen der Scheibe aus der Luft schafft. Das wäre aber noch nicht das Schlimmste - das Verletzungsrisiko für den Hund ist enorm erhöht, wenn der Mensch unwissend an diese so einfach aussehende Betätigung herangeht!

Zum DiscDogging gehört mehr als eine irgendwie weggeworfene Scheibe und das Wiederbringen.

Angefangen beim gekonnten Werfen über eine taugliche Scheibe bis hin zur richtigen Ausführung der Tricks gibt es eine Menge zu wissen.

Dieses Buch richtet sich nicht nur an diejenigen, die sich den Wettkampfsport zum Ziel gesetzt haben, sondern auch an jene Freizeitspieler, die ihrem Hund eine adäquate Beschäftigung bieten wollen.

Wer hat's erfunden?

So gegen Anfang des 20. Jahrhunderts soll es gewesen sein, als übermütige amerikanische Studenten herausfanden, dass es ein Riesenspaß war, sich gegenseitig die Kuchenformen der »Ma Frisbee«-Bäckerei zuzuwerfen. Erst gegen Ende der 50er Jahre entstand die erste Frisbee-Scheibe. Das Patent wurde von Wham'O Frisbee gekauft, der sich den Namen Frisbee® schützen ließ. Damit hatte eine neue Sportart ihren Ursprung gefunden.

Wie kam die Frisbee® zum Hund?

Alex Stein, ein Student aus Ohio, übte das Werfen und Fangen der Plastikscheibe häufig und fleißig mit seinen Freunden im Park. Als begeisterter Frisbee®spieler bevorzugte er zum Spielen eine kleine und leichte Scheibe, die so genannte Fastback, die länger in der Luft blieb als die anderen Scheiben.

Als er sich 1971 einen Whippet namens Ashley kaufte, kam der Hund natürlich zu den Übungsstunden mit in den Park. Ashley beobachtete das Spiel seines Herrchens mit der Flugscheibe sehr interessiert, bis er schließlich selbst eine Scheibe aus der Luft holte. Ashley hatte so viel Spaß an der Sache, dass Alex mit ihm immer mehr Wurftechniken und Tricks zu trainieren begann. Die beiden wurden immer besser und fanden schnell begeisterte Zuschauer im Park.

Wegen der außergewöhnlichen Begabung seines Hundes zog Alex von Cleveland nach Hollywood, wo er auf unbegrenzte Chancen im Film- und Showbusiness hoffte. Wer hatte schon je einen perfekt Frisbee®-spielenden Hund gesehen? Leider blieb trotz vieler Anrufe bei den verschiedenen Talentschmieden der ersehnte Erfolg aus. Doch Alex gab so schnell nicht auf. Er wollte den neuen Sport im ganzen Land bekannt machen - bloß wie? Schließlich hatte er die Idee. Er schmuggelte seinen Hund in das Dodger-Baseballstadion in Los Angeles, in dem an jenem 05. August 1974 ein nationales Meisterschaftsspiel der Dodgers gegen die Reds mit viel Presserummel stattfand. Nach dem achten Inning sprang Alex mit seinem Hund über den Zaun und begann seine Show der spektakulären Würfe. Das Publikum tobte vor Begeisterung, die Fernseh- und Radioteams berichteten live über den ungeplanten Zwischenfall. Nach acht Minuten schritten die Sicherheitsbeamten ein und verhafteten Alex. Sein Hund, der während der Verhaftung zum Parkplatz gelaufen war, wurde von einer Familie mitgenommen. Nach einem im Radio gesendeten

Suchaufruf meldete sie sich glücklicherweise bei Alex, sodass dieser seinen Hund wieder bekam. Alex Rechnung ging auf: Der Auftritt hatte ihn, seinen Hund und den Sport über Nacht bekannt gemacht. Zahlreiche Einladungen von TV-Sendern und Showauftritte folgten. Ashley bekam als erster »Nichtmensch« ein Portrait im »People Magazine«, eine eigene Kreditkarte, wurde das Maskottchen der Footballmannschaft »L.A. Ramsq« und wurde als dreimaliger Hundefrisbeeweltmeister in die »Dog Fancy Hall of Fame« aufgenommen.

Und wie kamen die fliegenden Hunde nach Deutschland?

Die Geschichte begann 1993 mit Jochen Schleicher und seinem ersten Hund, dem Mischling Butch. Nach vier Jahren Hundehaltung beschloss Jochen aufgrund mehrerer Zwischenfälle eine Hundeschule zu besuchen, um einen Gehorsamskurs mit der Begleithundprüfung abzuschließen. Leider (oder vielleicht auch zum Glück) fielen Hund und Herrchen bei der Prüfung durch.

Schließlich suchte Jochen nach einer anderen Beschäftigung für sich und seinen Hund. Die Idee dazu lieferte Butch selbst, indem er im Park immer die Frisbee®-Scheiben klaute, wenn Jochen mit seinen Freunden spielte. Jochen informierte sich per Internet und stellte fest, dass er nicht alleine war: Er stieß auf den Hundefrisbee®-Sport in den USA, wo bereits regionale Wettkämpfe stattfanden und sogar die Weltmeisterschaft ausgetragen wurde.

Im Jahr 1999 reiste er zur Alpo Weltmeisterschaft in Washington D.C. und traf dort auch seine amerikanischen »E-mail-Kontakte«, die sich sehr darüber freuten, endlich das Gesicht zu den bisherigen Mails zu sehen. Als Jochen wieder zu Hause war, organisierte er die ersten »Reinschnüffelspieltage« in Karlsruhe. Schnell fanden sich einige neue Disc-Dog-Freunde. Gegen Ende des Jahres gründete er dann den Club Good Fellas - Disc-Dogs Unlimited. Er erstellte eine Homepage und trat in verschiedenen Fernsehsendungen auf (z.B. Tiere suchen ein Zuhause, Guinness Show der Rekorde). Wegen der Nachfrage nach Scheiben entstand schließlich sogar ein Online-Shop, in dem man die amerikanischen Scheiben noch heute bestellen kann.

Die Disziplinen

Long Distance

Das Ziel in der Disziplin Long Distance ist es, die Scheibe möglichst weit zu werfen. Jedes Team, bestehend aus Mensch und Hund, hat drei Versuche. Es wird eine Wurflinie markiert, hinter der sich das Team befindet. Von dieser wird dann die Distanz bis zur Landung der Hinterpfote des Hundes gemessen, wenn dieser die Scheibe aus der Luft fängt.

Mini Distance

Bei Mini Distance sammelt das Team innerhalb einer Minute möglichst viele Punkte. Auch hierbei müssen sich Hund und Werfer zunächst hinter der Linie des Feldes befinden. Die Zeit läuft, wenn die Scheibe die Hand verlässt oder der Hund die Startlinie überläuft. Das Feld ist in vier Sequenzen aufgeteilt - je

Mini Distance-Feld

weiter man wirft, desto mehr Punkte sind möglich. Man kann aber auch durch viele kurze Würfe Punkte sammeln. Es zählen nur Scheiben, die der Hund aus der Luft fängt und es werden die Punkte für das Feld vergeben, in dem der Hund mit seinen Hinterpfoten landet. Am Ende findet ein Countdown statt, in dem die Scheibe noch geworfen werden darf, auch wenn der Hund diese nach Ablauf der 60 Sekunden fängt. Wichtig ist nur, dass der Mensch die Scheibe vor dem Countdown losgeworfen hat. Der Werfer muss auch auf seine Füße achten - sie müssen sich bei jedem Wurf hinter der Startlinie befinden, sonst gilt diese gefangene Scheibe nicht.

Lässt der Hund die Scheibe auf dem Feld liegen, darf der Mensch hinlaufen und diese holen. Er muss dann natürlich wieder hinter die Startlinie zurück. Beschädigt der Hund die Scheibe, so dass nicht mehr mit ihr gespielt werden kann, bekommt der Werfer eine neue Disc.

FREESTYLE

Beim Freestyle macht das Team eine Vorführung mit verschiedenen Wurftechniken und Tricks zu einer vorher ausgewählten Musik.

- ***Zeit***

Die Vorführung dauert insgesamt 120 Sekunden, die bei Verlassen der ersten Scheibe aus der Hand des Menschen beginnen. Der Countdown wird bei 60, 30 und 10 Sekunden laut bekannt gegeben.

- ***Scheiben***

Es dürfen bis zu sieben Scheiben benutzt werden. Entweder werden diese vom Ausrichter des Turniers gestellt oder die selbst mitgebrachten Scheiben werden vom Richter als tauglich anerkannt. Normalerweise ist dies bei den üblichen Hundescheiben (z.B. Fastback Frisbee®, Hyperflite K 10®, Dogstar®) kein Problem. Bei Welpen kann man auch Scheiben aus Nylon benutzen.

- ***Bewertung***

Bewertet wird bei der Kür der Trieb des Hundes, seine Ausdauer, der Wille zur Mitarbeit und Konzentration auf das Geschehen. Außerdem fließen die Kreativität des Menschen, die Wurftechniken und deren korrekte Ausführung in die Bewertung ein. Des Weiteren achten die Richter auf die flüssige Ausführung zur Musik, geschickte Überleitungen zwischen den Tricks und eine gute Zusammenarbeit zwischen Mensch und Hund. Das einzig berechenbare Wertungselement ist das Verhältnis der geworfenen und gefangenen Scheiben durch den Hund. Diese catch ratio wird mittels einer Tabelle ermittelt. Dazu zählt auch der Roller (das Rollen der Scheibe auf dem Boden entlang), wenn er nicht umgefallen ist, bevor der Hund ihn aufnimmt. Alle anderen Elemente der Vorführung liegen im Ermessen der Richter.

- ***Die Kür***

Beim Freestyle ist generell alles erlaubt, was dem Menschen einfällt. Es darf lediglich nicht gesundheitsschädigend für den Hund sein. Eine Kür enthält nicht zwangsläufig Sprünge oder Körperabsprünge, wenn dies nicht ausdrücklich in der Wettkampfordnung verlangt ist. Die Bewertung bleibt also vom Fehlen von Sprüngen oder Körperabsprüngen unbeeinflusst. Beinhaltet die Vorführung allerdings Sprünge, so achten die Richter auf die exakte Ausführung und sichere Landung. Sind diese besonders hoch oder zahlreich, kann es sogar zu einer geringeren Wertung kommen, bei offensichtlicher Gesundheitsschädigung zur Disqualifikation.

Teak wartet konzentriert auf die Scheibe.

Was muss man beim DiscDogging beachten?

Der Ort

Der ideale Ort zum DiscDoggen ist natürlich eine Wiese, auf keinen Fall harte Böden wie Teer oder Pflastersteine. Ebenfalls ungeeignet sind glatte Böden, auf denen der Hund ausrutschen könnte. Damit der Hund im Eifer des Gefechts nicht gegen einen Zaun oder andere Begrenzungen läuft, sollte die Wiese so groß sein, dass man bequem werfen kann, ohne in den Randbereich zu kommen. Beim Training für Long Distance muss die Länge natürlich entsprechend sein. Wichtig ist eine ebene Bodenbeschaffenheit. Besonders Löcher können im wahrsten Sinne des Wortes zu Beinbrechern werden.

Konzentriert sich der Hund schlecht und rennt zum Beispiel gern zu anderen Hunden, ist es vernünftig, dies durch einen Zaun zu verhindern. Ein Zaun kann auch sinnvoll sein, wenn man an einem Weg übt, auf dem viele Leute vorbeikommen. DiscDogging hat nämlich die Eigenschaft, Zuschauer anzuziehen! Gerade Kinder kommen dann dem fangenden Hund gefährlich nahe, weil sie den »Wunderhund« gern einmal anfassen möchten. Auch die Schaulustigen haben oft Hunde dabei, die nicht immer unter Kontrolle sind. Diese könnten einfach dazwischenrennen und das findet der eigene Hund unter Umständen gar nicht so gut. Ansonsten haben Zuschauer einen Vorteil: Man kann vor Publikum üben und erntet am Ende meist Applaus!

DiscDogging ist ein Sommersport! Wohin im Winter?

Es wäre wirklich sehr schade, wenn man diese schöne Freizeitbeschäftigung nur im Sommer ausüben könnte. Als Alternative bietet sich für die Winterzeit eine Reithalle an. Dort ist der Boden für flitzende und springende Hunde ideal griffig. Wenn man sich mit anderen Spielern zusammenfindet, ist meist auch die Miete erschwinglich. Für zukünftige Wettkampfhunde kann dieser Ort eine wichtige Trainingseinheit sein, denn nicht jeder Hund kann völlig unbeschwert in einem geschlossenen Gebäude laufen und spielen. Turniere finden aber gerade zu den regnerischen und kalten Jahreszeiten in Reithallen statt.

Wenn es regnet, gibt das einen ziemlichen Lärm auf dem Hallendach. Geräuschempfindliche Hunde reagieren dann oft mit

Meideverhalten. Außerdem ist es für den Hund eine neue Erfahrung in einer Halle, in der alles schallt, Musik zu hören.

Gesundheitshinweise

Damit nicht versehentlich bis dahin unbekannte Gesundheitsschäden oder Schwachstellen des Hundes weiter verschlimmert werden, sollte der Hund vor Beginn des Trainings beim Tierarzt durchgecheckt werden. Dabei sollte nicht nur eine eventuell vorhandene Hüftgelenksdysplasie (HD) oder bei gefährdeten Rassen Ellbogengelenksdysplasie (ED) ausgeschlossen werden, sondern auch Muskeln und Sehnen des Bewegungsapparates überprüft werden.

Auch das Herz-Kreislaufsystem muss auf seine Leistungsfähigkeit überprüft, außerdem sollten auch besonders häufige Erbkrankheiten bei bestimmten Hunderassen abgeklärt werden.

Damit der Hund die besten Voraussetzungen zum Spiel mit der Scheibe hat, sollte er optimal aufwachsen und gefüttert werden. Nur so können sich die Stärke und Belastungsfähigkeit des Bewegungsapparates optimal ausbilden.

Ist der Hund gesund, kann man trotzdem nicht einfach so loslegen! Die Kondition des Hundes muss zunächst systematisch aufgebaut werden, da DiscDogging sehr viel Ausdauer verlangt. Dafür macht man sich zunächst in Ruhe ein Trainingskonzept, in dem es pro Tag mehrere kleine Übungseinheiten von nicht mehr als fünf Minuten gibt. Diese bestehen immer aus Aufwärmen ohne Sprünge oder ähnliches (z.B. nur Roller und flache Würfe), dem eigentlichen Spiel und einer Abkühlphase. Ist man unsicher, plant man zunächst wirklich ganz kleine Einheiten, die langsam gesteigert werden.

Besonders Arbeitsrassen (z.B. Hütehunde, Jagdhunde, Gebrauchshunde) neigen dazu, immer mehr zu wollen. Davon darf man sich nicht täuschen lassen, denn auch ihr Körper wurde belastet. Setzt man jetzt das Spiel fort, wird der Hund unkonzentriert und das Verletzungsrisiko steigt.

Übergewichtige Hunde sollten zunächst eine Diät zur Reduktion des Körpergewichts machen, erst danach beginnt man mit dem Training.

Ist man sich unsicher, holt man sich am besten professionellen Rat ein, indem man einen Tierphysiotherapeuten oder den Tierarzt hinzuzieht.

Bis zu einem Alter von fünfzehn Monaten sollte man das Springen des Hundes in Grenzen halten. Bei größeren und langsam wachsenden Rassen (z.B. Rottweiler) kann es bis zu drei Jahren dauern, bis das Skelett vollständig ausgebildet ist und damit seine endgültige Stabilität erreicht hat. Man muss deshalb natürlich nicht auf den Disc-Dog-Sport verzichten. Es gibt viele Elemente und Wurftechniken, bei denen der Hund kaum oder gar nicht springen muss. Bei Welpen beschränkt man das Training lediglich auf kleine Einheiten, in denen der Welpe die rollende Scheibe fängt oder daran zerrt.

Was muss man beachten?

Auch die körperlichen Verhältnisse eines jeden Hundes müssen zunächst einmal objektiv betrachtet werden. Optimal ist es, wenn »Harmonie« bei den verschiedenen Körperteilen zu erkennen ist. Besteht allerdings die Gefahr einer Überbelastung in bestimmten Bereichen, sollte man das Training unter Absprache mit einem Spezialisten besser einschränken.

Selbstverständlich darf der Hund vor dem Spiel nicht gerade eine Mahlzeit zu sich genommen haben. Auch größere Mengen Wasser liegen nicht so gut im Magen. Obwohl die Ursachen für Magendrehungen noch immer im Dunkeln liegen, sollte man das Risiko nicht eingehen und nicht am eigenen Hund testen, ob dem so ist oder nicht. Abgesehen davon ist es für den Hund auch unangenehm, wenn er mit vollem Bauch rennen, hüpfen und üben muss.

Werden zum Training Futterstücke benötigt, sollten diese immer möglichst klein sein. Besser als trockenes Futter, welches schnell Durst verursacht, sind feuchte, weiche Stücke.

Besonders bei warmer Witterung muss man unbedingt darauf achten, dass der Hund nicht überhitzt. Hier sind kurze Spieleinheiten angesagt und natürlich genügend Wasser zum Trinken, damit der Hund über die Zunge Wärme abhecheln kann. Eventuell ist es sinnvoll, das Training auf die Abendstunden zu verschieben.

Um das Risiko des Hängenbleibens auszuschließen, sollte der Hund nach Möglichkeit kein Halsband oder Geschirr tragen - am besten ist er »nackt«. Ausnahme ist hier das Training mit einer Schleppleine, deshalb sollte dieses auch mit genügend Umsicht durchgeführt werden. Eine weitere Gefahr können Bänder und Schlaufen an der Kleidung des Menschen darstellen. Auch rutschige Kleidung kann bei Körperabsprüngen zu ungewollten Bewegungen führen. Besonders überraschend ist das für den Hund, wenn man vorher immer griffiges Material getragen hat.

Ist der Hund ausgewachsen und über einen längeren Zeitraum regelmäßig trainiert, kann man mit dem Üben von Overs (Körpersprünge) beginnen. Zunächst beschränkt man sich am besten auf niedrige Übersprünge. Diese sollten möglichst sauber abgesprungen und gelandet werden. Damit der Hund sich seiner Bewegung und allen vier Pfoten bewusst wird, sollte man ruhig ein paar Übungen machen, bei denen der Hund sich auf seine

Was muss man beachten?

Hinterbeine konzentrieren muss. Normalerweise stimmen die Vorderläufe den Lauf auf die Gegebenheiten ab, während die Hinterläufe sie nur fortführen. Durch ein entsprechendes Training kann der Hund lernen, seinen Körper bewusster wahrzunehmen, wie beispielsweise bei der TTeam®-Bodenarbeit. Unterstützt wird die Bewegung durch die Wirbelsäule und die Verlagerung von Kopf und Hals.

Anmerkung: Gerade bei Vaults (Körperabsprüngen) kann es zu extremen Höhen bei den Sprüngen kommen. Betrachtet man hier das Beispiel des beliebten und spektakulären Backvaults, wird das schnell klar. Beugt sich der Mensch nicht weit genug hinunter, wirft die Scheibe sehr hoch und macht mit dem Oberkörper beim Absprung des Hundes eine Aufwärtsbewegung, kann er den Hund um ein vielfaches seiner eigenen Körpergröße durch die Luft katapultieren. Das sieht vielleicht toll aus, ist aber nicht besonders gut für den Bewegungsapparat, wie sich sicher jeder denken kann.

Jeder Sprung besteht aus drei wichtigen Elementen:

1. ***Einwandfreier Absprung (beim Vault gleich zweimal: vom Boden und vom Körper)***
2. ***Gut platzierte Scheibe in der Luft***
3. ***Perfekte Landung***

Der Sprung ist gelungen, wenn der gesamte Bewegungsablauf möglichst »rund« wirkt. Der Hund sollte in einem Ablauf harmonischer Bewegungen springen. Das sieht dann so aus, also ob es für den Hund nicht anstrengend wäre. Es ist auf jeden Fall zu vermeiden, die Vorder- oder Hinterläufe bzw. ein Körperteil besonders zu belasten.

Insbesondere die Freestyle-Elemente mit Sprüngen sind nicht für jeden Hund geeignet. Mittelgroße und relativ leichte Hunde können generell die größte Bandbreite an Tricks ausführen. Beliebt sind derzeit Hütehunde, aber der Sport ist wirklich für jede Rasse geeignet, die Freude an Bewegung hat. Vieles hängt von der Kreativität des Menschen ab. Manche Teams haben bereits bewiesen, dass man auch mit einer sprungarmen Kür auf den ersten Plätzen bei Wettkämpfen landet. Die Möglichkeiten und Vorlieben eines jeden Hundes können herausgearbeitet und gefördert werden - ganz individuell angepasst. Bei anderen Hundesportarten ist dies nicht so leicht möglich.

Gesundheit - auch beim Mensch

Um auch die Gesundheit des Menschen nicht zu kurz kommen zu lassen, hier ein paar Tipps.

Es gilt wie beim Hund: Aufwärmen, Spielen und Abkühlen, um mögliche Schädigungen am Bewegungsapparat zu vermeiden.

Würfe, besonders neue, sollten zunächst ohne Hund geübt werden. Das ist nicht nur für den Hund besser, so kann auch der Mensch sich besser auf sich selbst konzentrieren und neigt nicht zu unkontrollierten Bewegungen, die durchaus schmerzhafte Folgen haben können.

Beim Üben von Körperübersprüngen und Elementen, bei denen der Hund den Körper berührt, an die Krallen des Hundes denken! Manche Vierbeiner sind relativ »zärtlich«, bei anderen können schon mehrere Lagen Stoff oder andere dicke Materialien nötig sein. Es ist sinnvoll, sich lieber erst mal zu dick anzuziehen, als entzündete Striemen auf dem Rücken davonzutragen. Wer weiß, was der Hausarzt sonst denkt ...

Auch die restliche Ausstattung sollte dem Training angepasst sein - bequeme Hose und Schuhe sind Grundvoraussetzung.

Was muss man beachten?

Welche Scheibe darf' s denn sein?

Vor einigen Jahren suchte man in Deutschland noch vergebens nach einer hundetauglichen Freestyle-Scheibe. Zu dieser Zeit wurden in Amerika längst »Hundescheiben« hergestellt und bei Wettkämpfen benutzt. Zum Glück machte sich Jochen Schleicher auf, fuhr nach Amerika und importierte diese schließlich auch nach Deutschland.

Aber wo ist eigentlich der Unterschied zu den normalen Scheiben? Eine Disc für den Hund weist einige wichtige Details auf, die sie optimal für den Disc-Dog-Sport machen. Das Material der Scheibe ist relativ weich, damit im Zweifel immer die Scheibe kaputt geht und nicht die Zähne des Hundes. Dies merkt man daran, dass man eine solche Flugscheibe »zusammenfalten« kann, ohne dass sie zerreißt oder bricht. Eine normale Scheibe splittert in einem solchen Fall und damit wird auch klar, warum sie untauglich zum Spiel mit dem empfindlichen Hundemaul ist. Das Gewicht überschreitet optimalerweise nicht 120 Gramm und der Durchmesser beträgt höchstens 24 cm. Das Zentrum ist leicht erhöht, was den Flug der Scheibe stabil macht. Auch die Ränder sind zum Schutz des Hundefangs abgerundet und ohne scharfe Kanten.

Die hundetaugliche Scheibe:

- ***Weiches Material***
- ***Keine Bruch- und Splittergefahr***
- ***Abgerundete Ränder***
- ***Nicht schwerer als 120 Gramm***
- ***Durchmesser nicht größer als 24 cm***

Weiche Scheiben werden von Hunden, die fest zubeißen, meist nicht so schnell zerlegt. Es entstehen lediglich einige Löcher. Damit kann man dann noch spielen, aber Scheiben, die gerissen sind, dürfen auf keinen Fall mehr benutzt werden, da die Verletzungsgefahr viel zu groß ist. Kleine Unebenheiten kann man mit Schmirgelpapier beseitigen. Grundsätzlich sollte man lieber häufiger eine neue Scheibe kaufen, als die Zähne oder das Zahnfleisch des Hundes zu riskieren.

- ***Nylonscheiben***

Nylonscheiben (z.B. von Karlie®) sind sehr weich. Ihre Flugeigenschaften sind nicht sehr gut und auch die Haltbarkeit lässt sehr zu wünschen übrig, wenn man mittels Zerrspielen trainieren will. Doch für den Anfang ist diese Scheibe trotzdem gut zu gebrauchen. Besonders bei Welpen kann man sie gut über den Boden rollen (die Flugeigenschaften spielen hier ja noch keine Rolle) und Fang- und Zerrspiele damit machen.

- ***»Gummi«scheiben***

Auch diese extrem weichen Scheiben sind zum Einstieg in Ordnung. Sie sind allerdings so weich, dass man sie nicht rollen kann (z.B. Dogobie® Flying Disc). Auch Freestyle ist damit schwer möglich. Allerdings ist ihre Lebensdauer relativ hoch, weil die Zähne des Hundes nicht so schnell Löcher in das nachgiebige Material machen. Meist verziehen sich diese Scheiben mit der Zeit so stark, dass die Scheibe anfängt, in der Luft zu eiern.

- ***Normale Hundescheiben***

Diese Scheiben sind optimal zum Spiel mit dem Hund. Sie beschreiben eine gute Flugbahn, können kullern, halten kleine Zerrspiele schon mal aus und bergen ein denkbar geringes Verletzungsrisiko (z.B. Fastback Wham-O® Frisbee®, Hyperflite® K-10™ standard, DogStar® standard, Aerobie® SuperDisc).

Normalerweise werden die Scheiben bei Temperaturen unter 7°C zu hart. Einige Hersteller bieten sogar wintertaugliche Exemplare an (z.B. Hyperflite® FrostBite™, Hyperflite® Arctic™). So kann man das ganze Jahr über spielen.

Es gibt auch Scheiben für Hunde, die ein weicheres Material bevorzugen oder wegen ihres festen Bisses andere Scheiben zu schnell zerbeißen (z.B. Fastback Flex Wham-O® Frisbee®, DogStar® Crusher, Hyperflite® SofFlite™).

Manche Hersteller vertreiben auch so genannte »unkaputtbare« Scheiben, die tatsächlich länger halten. Sie sind etwas schwerer und sinken somit beim Werfen schneller zu Boden (z.B. Hyperflite® Jawz™). Für kleine Hunde und Welpen gibt es entsprechend kleinere Scheiben aus zahnschonendem Material (z.B. Mini Wham-O® FRISBEE®, Hyperflite K-10® Pup Disc).

Zu warnen ist vor Scheiben, die aus Büffelhaut hergestellt wurden. Diese eignen sich wirklich nur zum Knabbern und dürfen auf keinen Fall dem Hund geworfen werden. Die scharfen Kanten können erhebliche Schäden verursachen - das Risiko ist zu hoch.

Ebenfalls zu gefährlich und sinnlos ist es, Scheiben zu kaufen, die »Aufhebevorrichtungen« besitzen. Erstens fliegt die Scheibe dadurch sehr schlecht, zweitens ist sie viel zu schwer und drittens kann man dem Hund auch einen Ball werfen, wenn er sie sowieso vom Boden aufheben soll.

Bei der Wahl der Scheibe sollte man sich ruhig ein bisschen Zeit lassen und nach einem Exemplar suchen, das sowohl dem Hund als auch dem Werfer gefällt. Es macht wenig Spaß, mit einer Scheibe zu spielen, die einem nicht so recht in der Hand liegen will oder vom Hund nicht gern gefangen wird. Es gibt bei den verschiedenen Modellen erhebliche Unterschiede in Flugeigenschaften, Beißstabilität und Härtegrad. Während des Trainings entwickeln sich nach einiger Zeit wahrscheinlich neue Vorlieben - gute Dinge brauchen eben Zeit.

Exkurs: So lernt der Hund

Auf den nächsten Seiten müssen wir uns mit einigen grundlegenden Bestandteilen des Trainings von Hunden befassen. Diese gelten natürlich nicht nur für das DiscDogging, sondern sind allgemein im Training mit Hunden anzuwenden.

Motivation

Motivation wird auf dem Gebiet der vergleichenden Verhaltensforschung auch als Handlungsbereitschaft oder Gestimmtheit bezeichnet. Sie ist nötig, damit der Hund überhaupt Verhalten ausführt.

Das Verhalten eines Hundes ist meist die Antwort auf Außenreize. Der Reiz kann so als Auslöser für die Handlung des Tieres betrachtet werden. Welche Reaktion dieser beim Hund hervorruft, hängt von seiner Handlungsbereitschaft in dieser Situation ab. Der Außenreiz trifft also nicht auf einen gänzlich »unvorbereiteten« Hund. Die Motivation hängt von verschiedenen inneren und äußeren Faktoren ab, die sich schnell ändern können. Hierauf haben beispielsweise die körperliche Verfassung, der Hormonhaushalt, angeborene Auslösemechanismen usw. Einfluss.

Konkret heißt das, die Handlungsweise des Hundes hängt davon ab, ob er beispielsweise hungrig oder müde ist. Reagiert der Hund in dem einen Augenblick auf ein Futterstück freudig, kann dies schon ganz anders aussehen, wenn er gerade eine große Mahlzeit verputzt hat und satt ist. Andererseits lässt der spielverrückte Hund den Ball links liegen, wenn er durstig ist und ihm Wasser geboten wird.

Bezieht man diese Erkenntnisse auf das Spiel mit der Scheibe, so wird schnell klar, dass es nicht sinnvoll ist, das Training zu beginnen, wenn der Hund gerade eine Stunde mit den Kindern im Garten getobt hat. Andererseits kann das Üben auch durch Hunger, Durst, Müdigkeit oder anderen unbefriedigten Bedürfnissen behindert werden. Der Hund steht dann unter Stress und ist nicht in der Lage, sich zu konzentrieren und zu lernen.

Natürlich muss aber auch genügend Handlungsbereitschaft vorhanden sein, ein Beutespiel beginnen zu wollen. Arbeitet man mit dem Klicker und bestärkt mit Futter, muss der Hund beispielsweise Appetit haben.

Ebenfalls in den Bereich der Motivation gehört das Appetenzverhalten des Hundes. Es bezeichnet die Suche nach einer Auslösesituation für die der Stimmung befriedigenden Endhandlung.

Was heißt das konkret? Hat der Hund beispielsweise ein ausgedehntes Schläfchen hinter sich, wacht er auf und verspürt die Lust nach Bewegung. Er sucht also nach jemandem, der mit ihm ein Spiel beginnt. Geschieht dies tatsächlich, kann er sich bewegen und ist danach zufrieden. Das Appetenzverhalten ist besonders hoch für Verhaltensweisen, die lange nicht mehr ausgeführt wurden.

Das Beutefangverhalten wie beim DiscDogging dürfte demnach nur bei nötigem Appetit beim Hund ausgelöst werden - muss man also mit der Scheibe immer üben, wenn der Hund genügend Hunger hat?! Da hat der DiscDogger aber Glück, denn gerade dieses Verhalten (wie viele andere auch) kann beim Hund unabhängig vom Verlangen nach Nahrung ausgelöst werden.

Hunde reagieren in der Regel neugierig auf Gegenstände, die sich beuteähnlich verhalten, also sich schnell bewegen. Hier kann man den Vierbeiner leicht motivieren und so leicht das Spiel mit der Scheibe beginnen. Der menschliche Spielpartner lässt dabei den zunächst uninteressanten Gegenstand zur Beute werden. In diesem Fall wird der Hund primär motiviert - das Fangen und Tragen der Beute ist sein Ziel, es ist also die Belohnung für sein Verhalten. Der Hund kann aber auch sekundär motiviert werden, indem man beispielsweise das Fangen und Tragen mittels Futter bestärkt (wobei das Futter hier eine Primärmotivation darstellt). Die Belohnung lässt ihn also ein für ihn zunächst »uninteressantes« Verhalten ausführen. Primärmotivation ist dabei die stärkere Motivation und sollte der Sekundärmotivation vorgezogen werden. Der Hund führt Handlungen, die ihm Spaß bereiten, intensiver aus.

Mit genügend Übungseinheiten kann die Sekundärmotivation in die Primärmotivation übergehen. Der Hund erlebt die ausgeführte Handlung mit zunehmender Zeit als angenehm - es macht ihm Spaß, auch ohne Belohnung.

> ***Zum Lernen neuer Verhaltensweisen ist beim Hund unbedingt Motivation nötig.***

BELOHNUNG

Wie im Kapitel über Motivation deutlich wird, ist es nötig, mittels Belohnung, auch Bestärkung genannt, zu arbeiten. Jeder denkt bei diesem Wort zunächst an den Klassiker, das Futterstück, doch was kommt eigentlich noch in Frage?

Was wirkt belohnend?

- ***Alles, wonach der Hund verlangt (z.B. am Wegesrand schnüffeln, sich genüsslich im Gras wälzen, Spiel)***
- ***Das, was den Hund ablenkt (z.B. Begrüßen anderer Hunde)***
- ***Futter (z.B. kleine Pansenstücke)***
- ***Zuwendung, körperlich oder sprachlich (z.B. Kraulen im Brust- und Schulterbereich, mit ruhiger Stimme reden)***
- ***Sozialkontakte (z.B. mit dem Menschen spielen)***
- ***Ein durch den Instinkt geleitetes Verhalten ausleben können (z.B. Jagen)***
- ***Ein bereits gelerntes und geliebtes Verhalten ausführen können (z.B. Männchen machen)***
- ***Erfolg (z.B. Fangen der Scheibe)***
- ***Erinnerung an vergangene erfolgreiche Ausführungen***
- ***Angenehme Überraschungen (z.B. Lieblingsspielzeug)***
- ***Ein nicht zu niedriger und nicht zu hoher Anspruch***

Betrachtet man den Einfluss von Belohnungen, muss man auch die Wirkung von Faktoren mit einbeziehen, die das Training beeinträchtigen können. Es ist grundsätzlich schwierig, dem Hund etwas Neues beizubringen, wenn er unter Stress steht oder sogar Angst hat. Der Hund kann in einer solchen Situation nicht lernen, weil zum Üben, wie auch zum Spielen, immer ein entspanntes Umfeld nötig ist. Auch die Länge der Übungseinheit beeinflusst die Motivation und kann, wenn man es damit übertreibt, die Lust auf das weitere Mitarbeiten nehmen. Damit der Hund auch Erfolgserlebnisse hat und in einem angemessenen Zeitrahmen eine Belohnung erfolgt, muss er die reelle Chance haben, das Verhalten wie gewünscht ausführen zu können. Deshalb darf man nicht das perfekte Verhalten zu Beginn einer Übung erwarten, der Hund muss sich mittels Bestätigung langsam heranarbeiten. Erhält der Hund keine Rückmeldung vom Mensch, stellt er die Ausführung irgendwann ein.

Besonders hinderlich beim Üben ist eine aggressive Stimmung, weil beispielsweise etwas nicht so läuft wie es soll. Wird der Hund dann noch körperlich bedrängt oder unangenehm angefasst (z.B. auf den Kopf), kann dieser nicht mehr mitarbeiten und wird Meideverhalten zeigen.

Es ist also nötig, dass der Mensch auch immer sich selbst überprüft, wenn etwas nicht nach Wunsch vonstatten geht.

Lernen

Lernen ist für den Hund lebensnotwendig und findet demnach sein ganzes Leben lang statt. Man versteht darunter das sich Aneignen neuer Fähigkeiten und Fertigkeiten. Meist beruht dies auf der Erfahrung in bestimmten Situationen, die immer wiederkehren und die darauf entsprechende Verhaltensweise. Diese oder eine ähnliche Situation löst schließlich immer wieder das gleiche Verhalten aus.

Lernprozesse reichen von Sensibilisierung und Gewöhnung bis hin zu operanter Konditionierung.

Die Mechanismen des Lernens gelten nicht nur für Hunde, man kann sie auf jeden Organismus beziehen und mal einen kritischen Blick auf sich selbst werfen ...

Befolgt man die Prinzipien des Lernens, so müsste der Hund beim Training kontinuierlich besser werden, das heißt, bei jeder Einheit deutliche Fortschritte zeigen. Jeder weiß, dass dem in der Realität nicht so ist. Lernen ist also kein linearer Prozess, sondern es unterliegt Einbrüchen oder Phasen, in denen weder eine Verschlechterung noch eine Verbesserung zu verzeichnen ist. Steckt man in einem solchen Stadium fest, ist es sinnvoll, dem Hund eine Pause zu gönnen. Diese darf ruhig mal einige Wochen betragen, manchmal reicht aber auch ein Schläfchen über Mittag. Diese Ruhephasen dürfen natürlich auch beim normalen Lernprozess nicht fehlen. Sie sind nötig, damit das Erlernte verarbeitet und gespeichert werden kann. Hier werden nun die für das DiscDogging wichtigen Lernprozesse erläutert.

Klassische Konditionierung

Bei diesem Mechanismus des Lernens erhält ein zunächst neutraler Reiz eine Bedeutung, weil er immer direkt vor einem Verhalten folgt. An einem Beispiel kann man dies leicht klar machen: Jedesmal, wenn der Hund sich hinlegt, erfolgt kurz zuvor ein Summton. Bei genügend Wiederholungen kann man so das Hinlegen auf den Summton hin erzielen.

Wird noch eine Belohnung nach erfolgtem Verhalten eingeführt, so wird das Erlernen dieses Verhaltens zusätzlich gefördert.

Hier wird schnell klar, dass man durch diese einfache Methode beim Hund leicht Verhaltensweisen unter Signalkontrolle bringen kann, die er in seinem natürlichen Verhaltensrepertoire hat. Deshalb ist es auch so einfach, einem Hund das Hinsetzen und Hinlegen beizubringen. Ein Sprung über das Bein gehört aber wohl nicht dazu, hier muss man also einen anderen Weg wählen.

Um die klassische Konditionierung anzuwenden, muss man manchmal sehr geduldig sein, denn der Hund hat vielleicht im Augenblick gar keine Lust, das Verhalten auszuführen und beschäftigt sich in zu diesem Zeitpunkt lieber mit etwas anderem. Andererseits muss man den Hund immer im Auge haben, damit man das Signalwort sagen kann, wenn er im Begriff ist, das gewünschte Verhalten auszuführen.

Operante Konditionierung

Unter operanter Konditionierung versteht man vereinfacht gesagt das Lernen mittels »Versuch und Irrtum«. Erhält ein Hund nach einem Verhalten eine Belohnung, dann wird er dieses Verhalten zukünftig häufiger ausführen. Auf diese Art und Weise kann man ein Verhalten formen, wie z.B. beim Klickertraining in feinster Form gemacht wird. Unumgänglich ist es bei dieser Methode, dass die Belohnung unmittelbar auf das Verhalten folgt. Optimal wären 0,5 Sekunden, damit der Hund die Bestärkung auf sein Verhalten beziehen kann. So kann man den Begriff »Versuch und Irrtum« korrigieren zu »Versuch und Erfolg«, denn der Hund wird nur für gewünschte Ausführungen belohnt. Alle anderen Verhaltensweisen werden während des Trainings ignoriert. Der Hund erhält jedesmal eine Belohnung, wenn er das gewünschte Verhalten ausführt. Das Signalwort oder Handzeichen wird direkt vor das Verhalten gesetzt und mit genügend Trainingseinheiten gefestigt.

Für alle Lernformen gilt, dass Belohnungen wieder ausgeschlichen werden sollten. Eine Bestätigung während des Lernprozesses für jede Ausführung ist unumgänglich, schließlich zeigt sie dem Hund den Weg auf, den er gehen soll. Führt der Hund das Verhalten zuverlässig aus, sollte man nach einem Zufallsprinzip belohnen. Zunächst werden im Schnitt alle zwei Ausführungen belohnt, dabei wählt man natürlich immer die exakteste Ausführung aus. Diesen Schnitt erhöht man schließlich bis auf etwa alle sieben Ausführungen. Je nach Hund kann man später die Belohnung variieren. Der eine Vierbeiner will häufiger bestätigt werden, der andere empfindet so viel Freude am Tun selbst, dass es kaum mehr nötig ist. Beim DiscDogging stellt sich dieses Frage gar nicht unbedingt, weil man die Bestärkung in der Hand hält und der Hund schon durch das Weiterspielen bestätigt wird, wenn man das Training richtig aufbaut. Aber auch hier muss man darauf achten, dass man nur weiterspielt, also den Hund belohnt, wenn das Verhalten wie gewünscht gezeigt wurde.

Um ein Verhalten erfolgreich zu formen, muss man zunächst mit weniger exakten Ausführungen vorlieb nehmen. Dies bedeutet nicht, dass der Hund zu dumm ist, sofort alles zu erfassen. Es ist ein natürlicher Weg des Lernens, der durchlaufen werden muss.

Bringt man also dem Hund ein kompliziertes Verhalten bei, so muss man am Anfang mit einem Einstieg beginnen, der am ehesten verspricht, zum Ziel zu führen. Dabei konzentriert man sich zunächst auf ein Verhalten und noch nicht auf die Feinheiten. Dies bedeutet, dass man im Voraus wissen muss, was man genau üben möchte. Mit vielen kleinen Schritten kommt man erfolgreich ans Ziel, der Hund darf nicht sofort überfordert werden. Dies würde unweigerlich zu Frustration führen. Man konzentriert sich beim Üben immer nur auf das zurzeit wichtige Detail. Nur dieses wird bei immer besserer Ausführung belohnt. Die anderen Elemente der Übung werden vernachlässigt und können dabei schlechter werden. Bei der nächsten Einheit konzentriert man sich dann wieder auf ein anderes Detail und so weiter. So setzt sich der gesamte Ablauf mit der Zeit zusammen. Auf diese Weise kann man eine Ausführung immer exakter und schneller werden lassen.

Ein Verhalten, das der Hund auf der Wiese von Bauer Huber am Morgen gelernt hat, als es ziemlich windig war und die Nachbarin zugeschaut hat, beherrscht er nicht automatisch auf dem Parkplatz des Supermarktes, wo es nicht nach Gülle duftet, der Boden unangenehm ist und plötzlich so viele Menschen herumlaufen. Hunde lernen stark ortsgebunden, deshalb sollte man noch vor dem Beginn der variablen Bestärkung ein Verhalten an möglichst verschiedenen Orten oder besser gesagt unter verschiedenen Gegebenheiten geübt haben. Manche Hunde haben in dieser Hinsicht auf einem Wettkampf starke Probleme, weil man eine solche Situation nicht alltäglich vorfindet. Deshalb sollte man, wenn man mit dem Hund auf den Ranglisten erscheinen möchte, vorher Übungsauftritte unter ähnlichen Bedingungen organisieren.

Extinktion (Löschung)

Manchmal ist es auch nötig, ein Verhalten zu löschen. Zeigt der Hund bestimmte Verhaltensweisen häufig und ausdauernd, so erfolgt auf irgendeine Weise dafür eine Belohnung. Auch bei aus unserer Sicht unerwünschten Verhaltensweisen! Der Hund springt beispielsweise immer an seinem Menschen hoch und erhält dafür

Zuwendung. Zuwendung kann aus Sicht des Hundes aber auch Schimpfen sein! Will man dieses Hochspringen löschen, so muss man es zukünftig konsequent ignorieren. Bevor es dann tatsächlich erlischt, muss man die Phase des Löschungstrotzes noch durchstehen, denn dann versucht es der Hund noch einmal besonders vehement. Zukünftig darf auch auf ein zufälliges Hochspringen nicht mehr eingegangen werden, sonst ist das alte Verhalten sofort wieder geweckt.

Noch ein Tipp: Es erscheint dem Mensch oft leichter, ein unerwünschtes Verhalten einfach zu strafen, schließlich ist das für den Hund ja unangenehm. Die Realität zeigt allerdings, dass ein gestraftes Verhalten häufig nur unterdrückt, aber nicht ausgelöscht ist. Dies geschieht besonders, wenn man zunächst ein bisschen straft, beim nächsten Mal ein wenig mehr und so weiter. Der Hund gewöhnt sich so an die Strafe und er empfindet sie als wenig unangenehm. Ganz im Gegenteil - der Mensch beschäftigt sich mit ihm! Da kann man über ein wenig schimpfen schon hinwegsehen ...

Strafe sollte hundgerecht sein und keine unkontrollierten Schrei- oder Gewaltausbrüche beinhalten, aber trotzdem als unangenehm empfunden werden.

Lockmittel

Beim DiscDogging kann man viele Elemente mittels Lockmittel beginnen. Locken ist einfach und auch ohne Vorkenntnisse sofort einsetzbar: Man zeigt dem Hund die mögliche Belohnung und führt diese z.B. über das Bein, wenn der Hund das Springen über dieses erlernen soll. Doch irgendwann soll er das Springen über das Bein nur noch auf das Signal »Spring« hin tun, ohne dass man mit der Wurst wedelt. Der Weg vom Locken bis hin zur Ausführung ohne Lockmittel muss in viele kleine Abschnitte eingeteilt werden, in denen das Lockmittel immer weniger Präsenz besitzt. Diesen Vorgang nennt man Ausschleichen eines Lockmittels. Hierbei ist das Geschick des Menschen gefragt. Im ersten Schritt sieht und riecht der Hund das Lockmittel, beispielsweise das Futterstück. Er darf vielleicht sogar daran lecken oder ein Stückchen abbeißen, damit sein Interesse geweckt wird. Übt man nun den Sprung über das Bein, indem der Hund das Futterstück gezeigt bekommt und er führt dies mittlerweile perfekt aus, so ist das Futter nicht nur Belohnung, sondern auch Signal zum »Spring« geworden. Bei einem Futterstück kann man jetzt sehr leicht anfangen, das Futter immer mehr in der Hand zu verstecken, bis es der Hund gar nicht mehr sieht. Die typische Faustform der Hand verrät ihm den Inhalt ... Doch damit kann man zum nächsten Schritt übergehen. In der typischen Faustform steckt gar kein Leckerchen mehr drin! Der Hund darf jetzt natürlich nicht wie der Hereingefallene dastehen, er bekommt seine gewohnte Belohnung so schnell aus der Jackentasche, dass er gar nicht so richtig bemerkt, dass in der Hand nichts war. Damit das Locken tatsächlich abgebaut wird, darf man jetzt nicht den Fehler machen und immer verheißungsvoll die Hand in der Jackentasche lassen. Er wird sehr schnell begreifen, dass sein Futterstück nun aus der Tasche kommt. Noch wird der Hund für jede Ausführung belohnt, bis man das gewünschte Signal, wie z.B. das Wort »Spring« vor den Sprung über das Bein, erreicht hat. Erst jetzt wird die Ausführung variabel bestärkt, wie oben schon beschrieben.

Signale

Auch bei der Einführung von Signalen zur Auslösung eines Verhaltens kann man Fehler machen. Für diverse Prüfungen muss der Hund auf Hörzeichen reagieren, andere Zeichen sind nicht erlaubt. Zum Glück ist dies bei vielen neueren Sportarten nicht so, denn man weiß schon lange, dass Hunde viel besser auf Sichtzeichen reagieren. Dies ist auch sehr einleuchtend, wenn man bedenkt, dass Hunde untereinander in erster Linie mittels Mimik, Gestik und Körperhaltung kommunizieren.

Soll der Hund ein Signal erlernen, so muss man darauf achten, welche unterschiedlichen Zeichen man dem Hund zur gleichen Zeit gibt. Der Hund kann ja nicht wissen, dass dieses eine Wort gemeint ist. Vielleicht ist es ja auch die Körperhaltung, die Herrchen einnimmt oder der Gesichtsausdruck? Um diese so genannte Reizüberschattung zu vermeiden, muss man tatsächlich sehr genau darauf achten, dass man beim Üben den Rest des Körpers immer in einer anderen Haltung hat und nur das Signal immer gleich ist.

Beim DiscDogging ist das aber gar nicht so schwer, denn gerade bei der Ausführung körpernaher Tricks sind die menschlichen Spielpartner für den Hund ein offenes Buch. Häufig muss man gar kein Signal üben, die Körperhaltung ist bei fast jedem Trick so typisch, dass dies für den Hund Signal genug ist. Trotzdem kann man natürlich noch ein Signalwort dazu auswählen, damit es dem Hund noch leichter gemacht wird.

Für alle anderen Elemente kann man zusätzlich zur Stimme Handzeichen nutzen. Auch mit einer Disc kann man Verhalten signalisieren. Man muss dabei nur bedenken, dass man die Scheibe ja nicht immer in der Hand hat. Der Hund muss manche Verhaltensweisen also auf ein Zeichen mit und ohne Scheibe in der Hand des Menschen ausführen können.

Die Grundlage: Wurftechniken

Die wichtigsten Techniken sowohl für Anfänger als auch fortgeschrittene Spieler sind der (Rückhand)Roller und die Rückhand. Bevor man überhaupt das Spiel mit dem Hund in Angriff nimmt, muss der Mensch die Ausführung beherrschen. Dies verhindert unnötige Frustration und minimiert das Verletzungsrisiko. Eine gut platzierte Scheibe ist für den Hund gut zu »lesen« und er muss sich nicht verrenken, um sie zu fangen. Idealerweise kann er diese einfach aus dem Laufen heraus ohne Sprung aus der Luft schnappen.

JEDER WURF BESTEHT AUS DREI WICHTIGEN ELEMENTEN:

- ***Der richtige Griff mit der Hand,***
- ***die Körperhaltung und***
- ***die Rotation der Scheibe.***

Im Folgenden sind jeweils zwei Techniken zur Ausführung eines Rollers und eines Wurfes beschrieben, die man zu Beginn unbedingt beherrschen sollte. Auf diese kann man zukünftig aufbauen. Natürlich gibt es noch wesentlich mehr Techniken, die kompliziert oder einfach sind. Bei jeder Technik weist die Wurfhand am Ende des Wurfes in die Flugrichtung der Scheibe.

RÜCKHANDROLLER

Beim Rückhandroller umgreift man mit den Fingern den Rand der Scheibe. Der Daumen liegt auf der Oberseite der Scheibe.

Der Oberkörper ist Richtung Boden gebeugt, damit die Scheibe leichter auf dem Boden entlang gerollt werden kann. Damit sie nicht so schnell umkippt, muss man die Scheibe schräg halten. Der Schwerpunkt ist in Richtung Scheibenoberseite verlagert, weil dort das

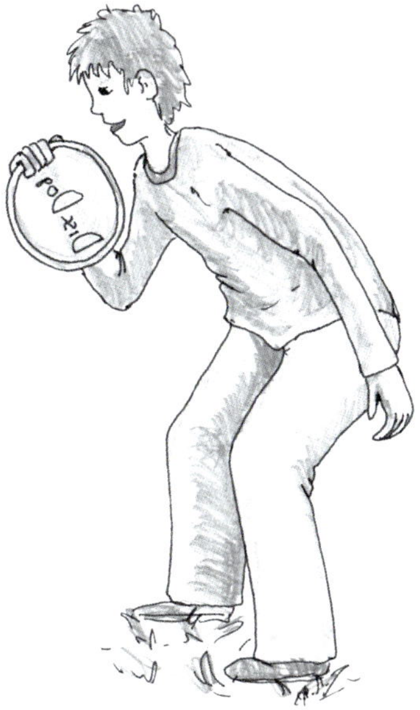

Rückhandroller

erhöhte Zentrum ist, also neigt man sie um etwa 45° in die Gegenrichtung.

Die Scheibe wird vom Unterarm aus mit der Hand nach vorn geschnellt, damit sie genügend Drehbewegung aufweist. Dadurch rollt sie schön weit.

Rückhandroller

VORHANDROLLER
Eine weitere Möglichkeit, die Scheibe zu rollen, ist der Vorhandroller. Der Daumen liegt wieder auf der Oberseite der Wurfscheibe, allerdings liegen hier nur der Zeige- und Mittelfinger auf der Unterseite. Die beiden Finger liegen genau im Rand und üben beim Abwurf Druck auf den Rand aus. Auch hier muss die Scheibe gekippt werden. Außerdem muss sie beim Loslassen genügend Drehenergie aufweisen.

Vorhandroller Nahansicht

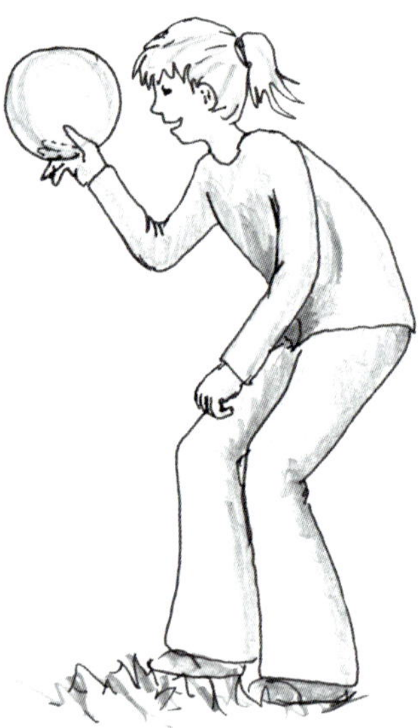

Vorhandroller

RÜCKHAND
Fast jeder, der einmal eine Wurfscheibe in der Hand hält, wirft diese zunächst ganz von selbst mit der Technik der Rückhand. Oft bemerkt man dabei auch: Man kann viel falsch machen, so dass sie nicht richtig fliegt.

Man hält die Scheibe wie bereits beim Rückhandroller beschrieben.

Rückhand

Eine weitere Möglichkeit ist es, den Zeigefinger auf den Rand der Scheibe zu legen. Dies ermöglicht mehr Steuerung, also genaueres Werfen, dafür aber nicht eine so große Weite.

Da es zu Beginn nicht wichtig ist, ob die Scheibe weit fliegt - das sollte sie zum Wohl des Hundes nicht - hat man die Wahl. Um herauszufinden, womit man besser zurechtkommt, probiert man am besten beide Techniken einfach mit ein paar Freunden aus.

Rückhand, Zeigefinger auf dem Rand

Die Körperhaltung bei der Rückhand ist aufrecht, mit leicht gewinkelten Knien und einer schulterbreiten Fußstellung. Die Schulter des Wurfarmes weist nach vorn. Beim Werfen verlagert sich das Körpergewicht nach vorn, man steht also am Ende auf dem Bein, das in Wurfrichtung zeigt.

Beim Abwurf ist darauf zu achten, dass die Scheibe mit der Außenkante leicht nach unten neigt und genügend Rotation aufweist. Diese erreicht man durch das Einknicken des Handgelenkes bei der Vorbereitung zum Abwurf. Der Aufdruck der Scheibe sollte bei der Neigung noch zu sehen sein.

Geringe Rotation erkennt man am holprigen Flug. Je mehr Rotation, desto stabiler liegt sie in der Luft.

Nach dem Abwurf zeigt der Arm in die Richtung, in die die Scheibe fliegen soll.

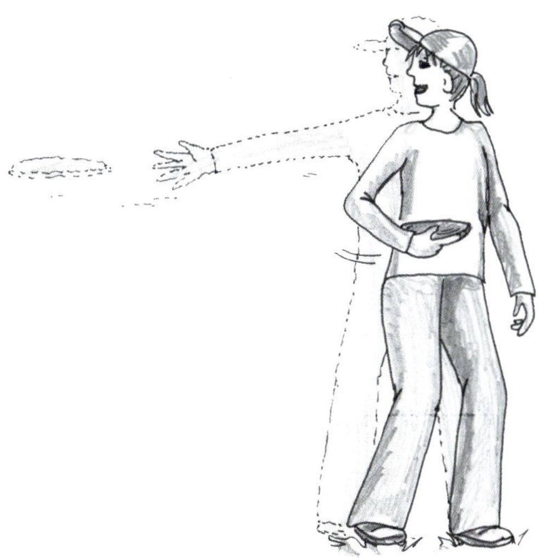

Rückhand

Wurf-
techniken

VORHAND

Man nimmt die Scheibe wie beim Vorhandroller beschrieben in die Hand.

Es ist auch möglich, den Zeigefinger in Richtung Scheibenmitte zeigen zu lassen. Dadurch kann die Scheibe genauer gesteuert, aber nicht mehr so weit geworfen werden. Die erste Technik eignet sich besser für Anfänger, wobei die Finger fest in der Kante der Scheibe liegen müssen, um genügend Rotation beim Abwurf zu erzielen.

Die Körperhaltung ist wie bei der Rückhand beschrieben, nur dass jetzt die gegenüberliegende Schulter des Wurfarmes nach vorn zeigt.

Vorhand

Der Körper verlagert sich beim Werfen vom hinteren auf das vordere Bein. Der Arm wird parallel zum Boden geführt. Die Bewegung des Armes ist im Gegensatz zur Rückhand sehr kurz, da der Radius aus körperbedingten Gründen kleiner ist als bei der Rückhand.

Vorhand, Zeigefinger Richtung Mitte

Auch hier muss sich die Scheibe mit der Außenkante zum Boden neigen und durch das vorherige Einknicken und Losschnellen des Handgelenks genügend Eigenrotation erzielt werden.

Vorhand

Weitere Techniken

Manchmal muss man die genannten Wurftechniken ein wenig anders anwenden, um bestimmte Tricks ausführen zu können. Eine sinnvolle Übung ist es, wenn man die Scheibe senkrecht vor dem Körper nach oben wirft. Dies ist der so genannte Rückhandheber oder kurz Heber. Dazu nutzt man den gleichen Griff wie bei der Rückhand (hier mit Zeigefinger auf dem Rand), macht aber mit dem Arm eine Bewegung vor dem Körper nach oben.

Dieser Wurf ist für Körperübersprünge sehr nützlich. Besonders bei Tricks ist der Übergang vom Heber zu einer tatsächlich geworfenen Scheibe fließend, grundsätzlich fängt man aber immer mit einem Heber an, um mehr Kontrolle bei der Ausführung zu erzielen.

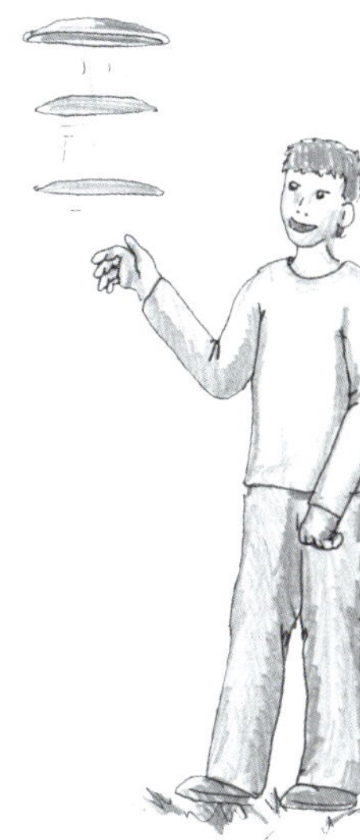

Rückhandheber

Eine Flugscheibe kann auch mit beiden Händen geworfen werden. Sie soll in diesem Fall möglichst senkrecht nach oben fliegen, wie beim Heber. Dazu nimmt man die Scheibe zwischen beide ausgestreckte Hände und dreht diese möglichst weit ein, damit genügend Eigenrotation auf die Scheibe kommt. Beim Abwurf geht man mit den Armen in Wurfrichtung mit, also nach oben. So fliegt die Scheibe in die gewünschte Richtung. Rotiert die Scheibe zu wenig, muss man eventuell den Druck kurz vor dem Loslassen noch einmal erhöhen.

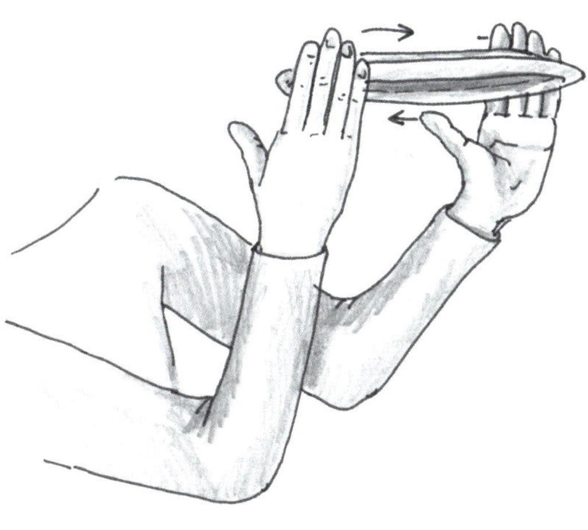

Zum Schluss noch ein paar Worte zum Wind: Wind erschwert natürlich das Spiel mit der Flugscheibe, macht es aber nicht unmöglich. Wirft man mit der Rich-

Mit beiden Händen

tung des Windes, drückt dieser die Scheibe nach unten. Gegen den Wind geworfen geschieht das Gegenteil - sie steigt nach oben. Am wenigsten beeinflusst wird sie demnach, wenn man im rechten Winkel zum Wind spielt.

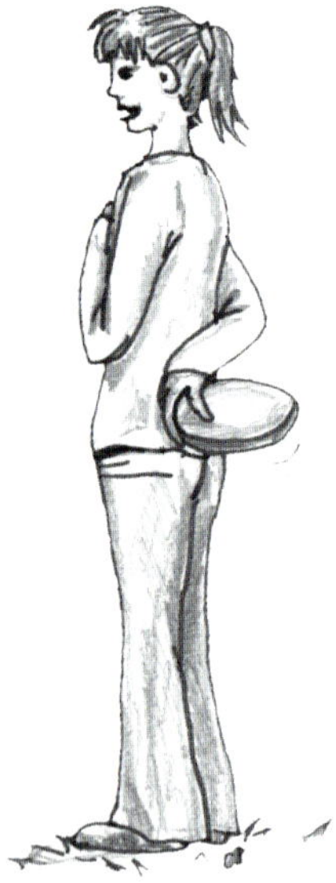

Rückhand um den Rücken

Variationen

Die Wurftechniken Rückhand und Vorhand sind vielseitig einsetzbar. Für den Anfänger ist es wichtig, dass er zunächst beide Würfe in der Grundhaltung beherrscht. Er soll sie also bei aufrechter Körperhaltung mit leicht gespreizten Beinen beherrschen. Ist dies der Fall, kann man dazu übergehen, diese auch in verschiedenen Körperhaltungen zu üben.

Variationen mit Rückhand

Man kann auch das Werfen nach hinten üben. Dieser Wurf kommt beispielsweise beim Laufen des Hundes durch die Beine vor. Die Grifftechnik entspricht der bei der Rückhand beschriebenen. Man dreht sich mit dem Oberkörper herum und wirft die Scheibe in gerader Linie vom Körper weg. Der Arm muss dazu zunächst angewinkelt werden.

Eine gängige Variante der Rückhand ist das Werfen um den Rücken. Dazu schwingt man bei aufrechter Körperhaltung den ausgestreckten Arm von vorn beginnend um den Rücken und lässt die Scheibe mit möglichst viel Rotation losschnellen, sobald die Hand die Taille erreicht hat.

Die Scheibe kann auch um das Bein geworfen werden. Dazu muss man sich hinunterbücken und das Bein,

Rückhand um ein Bein

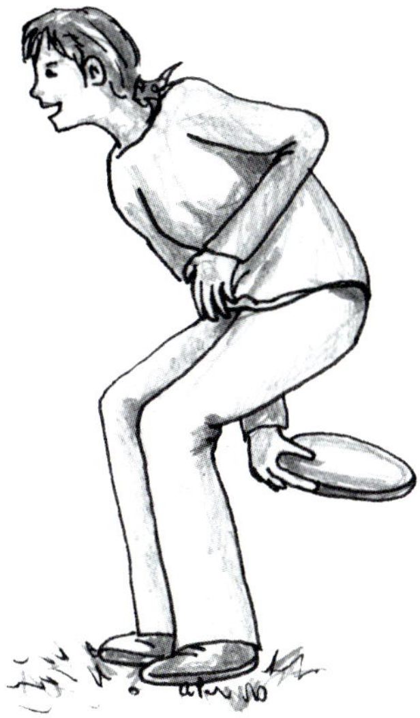

Rückhand um die Beine

das der Wurfhand gegenüber liegt (bei Rechtshändern das linke Bein) in die Luft strecken. Schon allein das Stehen auf einem Bein bei dieser Körperhaltung muss geübt sein, deshalb sollte man dies zunächst ohne Werfen der Scheibe üben. Um die Scheibe möglichst weit fliegen zu lassen, muss man mit dem Arm gut Schwung holen und das Handgelenk vorher gut einknicken. So erreicht man eine gute Flugweite mit genügend Rotation.

Was um ein Bein geht, kann man natürlich auch um beide Beine machen. Dazu bleibt man allerdings nicht gerade stehen, sondern hockt sich ein wenig hinunter. Das sieht dann so aus, als ob man sich auf einen Stuhl setzen würde. Auch hier muss man mit dem Arm genügend Schwung holen, damit man um das »Hindernis« Beine gut herumkommt und ein sauberer Abwurf entsteht.

Variationen mit Vorhand

Eine beliebte Variante der Vorhand ist das Werfen unter dem Bein hindurch. Dazu muss man zunächst wieder üben möglichst wackelfrei auf einem Bein zu stehen, während man das andere Bein hochhebt und seitlich von sich wegstreckt. Ein Rechtshänder streckt das rechte Bein vom Körper weg und wirft die Scheibe darunter durch.

Es gibt viele Variationen, die hier nicht alle aufgeführt werden können. Natürlich sind auch eigenen Ideen keine Grenzen gesetzt. Solange die Scheibe eine kontinuierliche Flugbahn beschreibt, ist alles erlaubt.

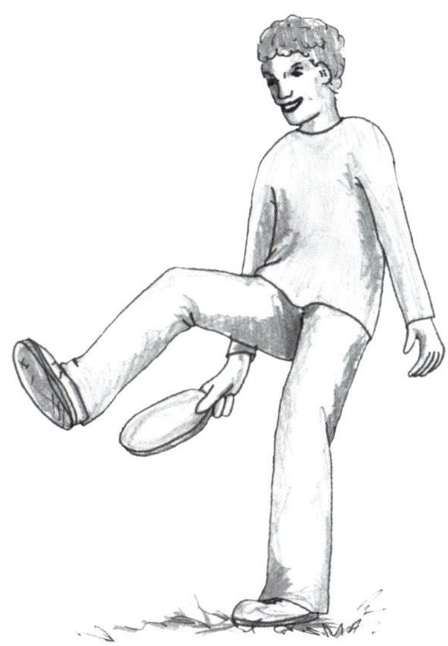

Vorhand unter dem Bein hindurch

Die Anfänge - Catches von der Erde und aus der Luft

Interesse an der Scheibe wecken

Um dem Hund das Spiel mit der Scheibe näher zu bringen, muss der Vierbeiner zunächst überhaupt Interesse an dem runden Ding zeigen. Dies erreicht man am leichtesten durch Spiel. Gehört der Hund zu der spielverrückten Riege, wie es oft der Fall ist, stellt das kein Problem dar. Ganz im Gegenteil, hier muss man häufig sofort Kontrolle einbauen, damit der Hund nicht »kopflos« wird und sich sofort hineinsteigert.

Bei weniger motivierten Hunden gibt es einige Tipps und Tricks, die man anwenden kann, um die Begeisterung zu fördern, denn Spielen ist ein wichtiger Bestandteil jeden Hundelebens. Manchmal muss diese Leidenschaft nur neu erweckt werden und das lohnt sich immer!

Zunächst wird das alltägliche Spielzeug durch die Scheibe ersetzt. Das bedeutet allerdings nicht, dass statt des Balls nun die Scheibe unbeachtet in der Ecke herumliegt. Für den Hund strahlt ein Spielzeug eine gewisse Faszination aus, wenn es einem Beutetier ähnlich wird. DiscDogging ist nämlich nichts anderes als ein Beutespiel, mit dem der Hund seinen Traum vom »Mäuschen und Vögel« fangen erfüllen kann. Damit das alles richtig funktioniert, muss man einige Spielregeln beachten:

* Die Scheibe ist für die nächsten Wochen das einzige Spielzeug, mit dem der Hund spielt.
* Der Mensch belebt das zunächst uninteressante Plastikding, deshalb wird die Scheibe ausschließlich zum gemeinsamen Spiel hervorgeholt. Die restliche Zeit wird die Scheibe für den Hund unerreichbar aufbewahrt - das macht sie noch geheimnisvoller.
* Die Atmosphäre auf dem »Spielplatz« muss spannungsfrei und ablenkungsarm sein. Bei körpernahen Spielen darf das ruhig ein großer Raum in der Wohnung oder der Garten sein. Beginnt man irgendwann mit dem Roller, ist mehr Platz nötig.
* Auch der Mensch muss vom Auftauchen des neuen Spielzeugs begeistert sein - durch Stimmungsübertragung geht das auch auf den Hund über.
* Soll ein spannungsfreies Spiel entstehen, gelten die Regeln des Hundeknigges: Zunächst muss der Mensch sich klein machen,

den Hund nicht anstarren, möglichst seitlich und locker stehen und nicht zwanghaft ein Spiel einfordern.
* Trotzdem bleiben natürlich noch Grenzen, die der Mensch auch überwacht. Wird das Spiel zu wild, wird abgebrochen und zu einem späteren Zeitpunkt noch einmal neu begonnen. Den Anfang und das Ende bestimmt ebenfalls der Mensch. Idealerweise beendet man das Spiel, wenn es am schönsten ist, damit der Hund diese Stimmung im Gedächtnis behält und er beim nächsten Mal schon beim Anblick der Scheibe in freudige Erwartung gerät.
* Die Scheibe ist die Beute. Doch wie verhält sich eigentlich eine Beute? Denkt man da an eine Maus oder ein Kaninchen, gibt es viele Möglichkeiten: Vom Hund wegflüchten, hin und her flitzen, Haken schlagen, Geräusche machen, sich verstecken, hervorschauen und schnell wieder verschwinden und, das Allerwichtigste: Sich erwischen lassen!
* Der Hund muss Erfolg haben, damit er motiviert bleibt! Er erwischt die Beute also hin und wieder, sie wandert nicht von selbst ins Maul! Er muss sich wirklich dafür anstrengen.
* Beißt der Hund nur zaghaft zu, muss man das Beutezerren besonders schmackhaft macht. Dies erreicht man am leichtesten, indem der Hund häufiger (nicht immer) gewinnt. Natürlich erreicht er sein Ziel nur, wenn er mal ein wenig fester zieht.

Catches von der Erde

Ist der Hund nun nach diesem Spieltraining ganz wild darauf, die Scheibe zu erwischen, baut man immer häufiger den (Rückhand- oder Vorhand-)Roller ein. Bei diesem Schritt muss man immer im Hinterkopf haben, dass der Hund eine ganze Verhaltenskette bei der Beute »Flugscheibe« zeigen soll:

* Folgen
* Fangen
* Aufnehmen
* Zurückbringen
* Abgeben oder auf den Boden fallen lassen

Jeder dieser Schritte muss also gegebenenfalls belohnt werden. Wo und wann man durch Bestätigung ein Verhalten fördern sollte, kann man ganz leicht durch Beobachten herausfinden. Normalerweise bereitet das Nachjagen und Aufnehmen wenig Probleme, weil es zum natürlichen Jagdverhalten der Hunde gehört. Größere Schwierigkeiten treten meist beim Zurückbringen und Abgeben der Beute an den Menschen auf. Dieses Verhalten gehört nicht zum natürlichen Repertoire gegenüber erwachsenen Rudelmitgliedern und muss mit Hilfe des Menschen erworben werden. Der Hund lernt also, dass es sich lohnt, wenn man dieses Verhalten zeigt.

Da man beim DiscDogging die Motivation und Belohnung direkt nutzen kann, muss man nur in Ausnahmefällen zum Futterstück als Verstärker greifen. In der Praxis bekommt der Hund also seine erste Bestätigung, wenn er sich mit aufgenommener Scheibe dem Menschen zuwendet. Tut er dies nicht, kann man den Hund dazu animieren, indem man von ihm wegläuft und dabei eine Spielaufforderung macht. Die Bestätigung für das Hinwenden zum Menschen beziehungsweise Nachfolgen ist entweder eine zweite Scheibe, mit der man sofort ein Spiel mit dem Hund beginnt oder ein Futterstück, falls dieses als stärkere Belohnung vom Hund empfunden wird.

Man setzt die einzelnen Schritte (Zurückbringen, Abgeben) so lange in kleinen Abschnitten fort, bis der Hund die Scheibe zum Menschen bringt. Für den Hund ist der schwierigste Zeitpunkt das Abgeben der Scheibe, denn Beute wird ungern an einen anderen übergeben. Deshalb ist es so wichtig, dass sich dieses Verhalten für den Hund lohnt. Kommt er also mit der Scheibe zuverlässig zum Menschen, geht man zunächst zu Zerrspielen über, in denen der Hund die Scheibe häufiger gewinnt als der Mensch - es macht also Spaß.

Nach einigen Trainingseinheiten baut man neben Zerrspielen noch das »Auf den Boden fallen lassen« ein. Um dem Hund einen Anreiz zu bieten, seine Beute fallen zu lassen, motiviert man ihn entweder zu einem Spiel mit einer zweiten Scheibe oder bietet ihm ein Futterstück.

Um das Abgeben (in die Hand) und auf den Boden fallen lassen durch ein Signal als Verhalten immer wieder hervorrufen zu können, kann man noch die Worte »Gib« und »Aus« trainieren. Man setzt das jeweilige Wort direkt vor das Verhalten, Belohnung natürlich garantiert, und erreicht so eine Verknüpfung. Dazu sind einige Trainingseinheiten nötig, weil Hunde situationsabhängig lernen. Was heute an diesem Ort ohne Probleme ausgeführt wird, muss am nächsten Tag an einem anderen Ort noch lange nicht selbstverständlich sein. Man nennt diesen Vorgang wie zuvor beschrieben »Generalisieren«.

Eine wichtige Grundlage für das Fangen aus der Luft, kann man in dieser Phase bereits trainieren: Das Signal »rum«. Es ist die Abkürzung von Herum und soll beim Hund auslösen, dass dieser einmal um seinen Menschen läuft (nicht zu verwechseln mit

»Fuß«, wo der Hund anhalten und sich setzen soll). Man übt es, indem man den Hund mit der Scheibe um sich herum lockt und sich zunächst mitdreht. Ist man bei einer vollen Drehung angekommen, rollt man die Scheibe zur Belohnung. Im nächsten Schritt lockt man den Hund nur noch mit der Scheibe, ohne sich selbst zu drehen. Auch dieses Locken wird immer mehr abgebaut. Rechtshänder sollten dabei dem Hund das Herumlaufen von rechts nach links, Linkshänder von links nach rechts, beibringen. Warum dies so ist, erfahren Sie später im Buch beim Thema »Catches aus der Luft«.

Training mit dem Klicker

Es ist auch möglich, dem Hund das Bringen der Flugscheibe mittels Klicker beizubringen. Da ich hier nicht auf das Prinzip des Klickertrainings eingehen möchte, setze ich die Grundkenntnisse voraus. Wer sich diese gern aneignen möchte, findet unter den Literaturangaben am Ende des Buches Hinweise. Auch im Serviceteil gibt es Adressen von Stellen, wo man diese Technik des Trainings erlernen kann.

Verhaltensketten, wie zum Beispiel das Apportieren, werden bei dieser Form des Trainings normalerweise von hinten aufgebaut. Das heißt also, dass der Hund zunächst das Abgeben und auf den Boden fallen lassen der Scheibe erlernt, anschließend das Bringen und erst am Schluss das Hinterherjagen und Aufnehmen. Das jeweilige Ansatzverhalten muss gut überlegt und vom Hund abhängig sein. Struktur bekommt man in das Training, indem man alle Schritte sorgfältig in einer Liste aufführt.

Catches aus der Luft

Bisher hat der Hund das Zurückbringen der rollenden Flugscheibe erlernt. Nun geht es an die tatsächlichen Flugobjekte. War der Anfang für den Menschen technisch leicht zu bewältigen, muss dieser spätestens jetzt eine der Wurftechniken (meist Rückhand) gut beherrschen.

Hat man mit dem Hund den Befehl »rum« geübt, kann man dieses Verhalten jetzt sinnvoll einsetzen. Der Hund wird durch Spiel motiviert, damit er Ambitionen hat, die Scheibe zu bekommen. Man gibt ihm nun das Signal »rum«.

Beherrscht er dieses noch nicht, erreicht man durch Herumlocken und Mitdrehen ebenfalls, dass der Hund in die gewünschte Richtung läuft.

In dem Augenblick, in dem der Hund einmal herumgelaufen ist, wirft man die Scheibe möglichst flach in dessen Laufrichtung. Sie soll ihm sozusagen direkt vor die Nase fliegen. Man erreicht eine solche Flugbahn, wenn man die Scheibe ein wenig über den Kopf des Hundes und parallel zum Boden fliegen lässt.

Dies macht es dem Hund leichter, die Scheibe zu fangen, weil er ja die Flugbahn noch nicht kennt und er eigentlich nur noch das Maul öffnen muss. Deshalb ist es für den menschlichen Spielpartner so wichtig, gezielt werfen zu können.

Ist es dem Hund zu Beginn nicht möglich, häufig eine Scheibe aus der Luft zu holen, kann dies dazu führen, dass er es gar nicht mehr versucht.

Ist abzusehen, dass die Wurffähigkeiten des menschlichen Spielpartners noch nicht ausreichen, geht man mit dem Hund wieder zum anfänglichen Spieltraining über, damit er nicht frustriert ist und das Interesse nicht verliert. Der Werfer sollte diese Zeit nutzen und noch einmal ohne Hund fleißig üben.

Welche Faktoren können es dem Hund erschweren, die Scheibe zu fangen?

* Die Scheibe liegt nicht gut in der Luft, weil zu wenig Eigenrotation vorhanden ist.
* Die Scheibe fliegt steil nach oben oder unten, weil die Flugbahn nicht parallel zum Boden ist.
* Die Scheibe wird vom Wind erfasst.
* Der Hund muss sich nach dem Loswerfen zunächst herumdrehen, weil er Herrchen bzw. Frauchen zugewendet war. Die Zeit zum Beobachten der Flugbahn ist dadurch kürzer.
* Die Scheibe wird dem Hund frontal zugeworfen.
* Der Hund hat nicht genügend Gelegenheit, das Lesen der Scheibe zu erlernen. Man versteht darunter das richtige Einschätzen der Flugbahn und der Geschwindigkeit.

Natürlich sieht man gerade bei Wettkämpfen viele der oben genannten Punkte und der Hund fängt die Scheibe trotzdem ohne Schwierigkeiten. Diese Hunde trainieren aber bereits seit geraumer Zeit zusammen mit ihrem Menschen und haben durch viel Übung und korrektes Werfen ihres Menschen gelernt, wie sie auch Scheiben fangen, die sie nur kurz lesen können. Das Zusammenspiel wird mit zunehmender Zeit besser. Aber am Anfang soll es für den Hund so erfolgreich wie möglich sein!

Mögliche Probleme und ihre Lösungen

Bei allen Problemen und plötzlichen Verhaltensänderungen des Hundes sollte man auch immer gesundheitliche Schwierigkeiten in Betracht ziehen. Besser ist es immer, einmal zu viel als zu wenig zum Tierarzt gegangen zu sein.

Problem: Der Hund folgt der Scheibe nicht

(1) Er schaut kaum hinterher, wenn sie fliegt und wendet sich lieber anderen Dingen zu oder tut einfach gar nichts.
(2) Der Hund zeigt Beschwichtigungssignale und wirkt bedrückt. Er schleckt sich ständig über das Maul, bewegt sich auffällig langsam und schaut häufig weg.

Manchmal legt er sich sogar hin und ist nicht mehr zum Aufstehen zu bewegen. Er beobachtet ununterbrochen unauffällig die Umgebung oder anwesende Menschen.
(3) Die Umgebung weckt das Interesse viel mehr als die Flugscheibe. Der Hund rennt lieber zu anderen Hunden, Menschen oder geht schnüffeln.
(4) Der Hund zeigt Beschwichtigungssignale gegenüber seinem Menschen, indem er den Kopf wegdreht und sich langsam bewegt, evtl. sogar »einfriert«. Er schleckt sich häufig über die Schnauze und lässt sich gar nicht dazu motivieren, die Scheibe bekommen zu wollen. Er zeigt dieses Verhalten bevorzugt oder ausschließlich bei seinem Besitzer.

Die mögliche Ursache ist ...

(1) Das Interesse wurde noch nicht genügend geweckt. Der Hund betrachtet die Flugscheibe nicht als Beute und es wird bei ihm kein Jagdverhalten ausgelöst. Für ihn erscheinen andere Aktivitäten erfüllender.
(2) Der Hund ist nicht unbefangen, weil der Ort, die Situation oder anwesende Personen und Hunde Stress bei ihm verursachen.
(3) Die Ablenkung durch die Umgebung ist zu groß.
(4) Der Besitzer will unbedingt sein Ziel erreichen und übt Druck aus, indem er schneller voran kommen will, den Hund bedrängt oder einfach schlecht gestimmt ist.

Die mögliche Lösung ist ...

(1) Das Spieltraining wurde nicht genügend ausgeführt. Man muss in die Anfänge zurückgehen und dem Hund das Spielen und Nachjagen noch schmackhafter machen. Es gibt neben den oben beschriebenen noch weitere Möglichkeiten wie z.B. das Zusehen des Hundes bei dem Spiel zweier Menschen oder eines anderen Menschen mit seinem Hund. Hier ist gute Beobachtungsgabe gefragt, so dass man erkennt, worauf der Hund am leichtesten und effektivsten anspricht.
(2) Vielleicht ist der Ort durch »hartes« Training, wie z.B. Unterordnung mittels Leinenruck und Strafe vorbelastet und der Hund hat hier bereits schmerzhafte Erfahrungen gemacht. Vielleicht hat der Hund sich aber auch an einem solchen oder ähnlichen Ort

Hier zeigt der 7-wöchige Border Collie Josua das Beutetragen.

Erste Zerrspiele mit Frauchen.

»Ich krieg dich ...«

Auch der 13-jährige Spitzmischling Bobby hat Spaß an der Scheibe.

Zeus ist voll auf die Scheibe konzentriert.

Der schwarze Altdeutsche Hütehund Zeus läuft schnell herum.

Nach dem Herumlaufen konzentriert sich Bobby voll auf die Scheibe.

Teak beobachtet die Flugbahn der Scheibe.

Die Scheibe fliegt genau auf Chills Kopfhöhe - da muss sie nur noch zupacken.

Teak weiß, dass sich das Wiederbringen der Scheibe lohnt!

Der Sprung über das Bein wird von Teak perfekt ausgeführt.

Der Sprung über Frauchen ist eine leichte Übung.

Erste kleine Sprünge über das Bein.

Beutefang-spiele mit Chill.

Volle Konzen-tration! Was kommt wohl als nächstes?

selbst verletzt oder sehr erschrocken, so dass nun die negative Erfahrung schwerer wiegt als der Spaß, den er mit der Scheibe haben kann.

Die Situation ist dem Hund vielleicht unangenehm, weil sich dort zu viele Menschen aufhalten, von welchen er schlimmstenfalls bedroht wurde oder wird. Bei empfindlichen Hunden reichen manchmal kleine Faktoren wie die Kleidung, das Tragen einer Kappe oder Sonnenbrille oder ein starrer Blick, um ihn ängstlich und unfähig zum Mitspielen zu machen.

Auch anwesende Hunde können den eigenen Hund so beeinflussen, dass dieser nicht mitspielt. Einerseits kann der Einfluss den Vierbeiner zu Passivität bringen oder aber die beiden wollen nur miteinander toben und nicht mit dem eigenen Menschen zusammen spielen. Zwei Zuschauerhunde, die eine Feindschaft haben, können ebenso zu einer nicht entspannten Stimmung beitragen wie zwei verspielte Hunde, die möglicherweise noch durch Bellen und Quietschen ihr Ziel des Miteinanderraufens erreichen wollen. Man muss manchmal sehr genau hinsehen, um den tatsächlichen Grund zu erforschen, warum der Hund nicht so mitarbeitet, wie man sich das eigentlich vorstellt. Es ist auch sinnvoll, einen »Beobachter« zu engagieren, der die ganze Situation verfolgt oder bestenfalls filmt, damit man auch die Zeitlupenfunktion nach Bedarf nutzen kann.

(3) Anwesende Menschen, Jogger, Hunde, Fahrradfahrer, vorbeifließender Verkehr, Rinder, Pferde - das alles sind Störungen für den Hund. Der Ort ist falsch gewählt, denn die Ablenkung wurde zu früh gesteigert. In einem solchen Fall geht man wieder zu dem ersten Trainingsort zurück, der natürlich nur positiv verknüpft ist und steigert langsam, indem man zunächst einige wenig ablenkende Faktoren hinzufügt. Es gibt immer Dinge, für die sich der Hund von Natur aus wenig interessiert. Erst ganz am Ende kommen die wirklichen Ablenkungen.

(4) Man erreicht mit Ehrgeiz nicht immer sein Ziel. Gerade beim Training mit Tieren gelten andere Maßstäbe. Hier zählen eher Geduld, Ausdauer und das Gefühl von Vertrauen. Ein Hund kann mit seinem Mensch nur gemeinsam spielen und üben, wenn es keine Spannungen gibt. Dies erreicht man am besten, indem man den Hund immer lobt, wenn er etwas gut und immer besser macht, anstatt Falsches zu strafen. Hier muss man also die Vernunft einschalten und manchmal auch einfach abbrechen. Natürlich ist man nicht jeden Tag geduldig und gelöst genug, um optimal zu trainieren. Man kann einem Hund nicht vorspielen, dass man nicht sauer oder enttäuscht ist - in dieser Hinsicht sind wir Menschen für den Hund ein offenes Buch.

Problem: Der Hund fängt die Scheibe nicht

(1) Er beobachtet den Flug der Scheibe, hebt sie aber anschließend vom Boden auf.
(2) Es sind Ansätze zum Nachjagen und Fangen da, aber er bricht kurz vorher ab oder fängt die Scheibe nur widerwillig. Der Hund beißt nicht richtig zu, so dass die Scheibe schnell wieder aus dem Fang fällt.

Die mögliche Ursache ist ...
(1) Der Hund kann die Scheibe nicht ausreichend »lesen«.
(2) Der Hund mag das Material der Scheibe nicht.

Die mögliche Lösung ist ...
(1) In diesem Fall muss man dem Hund ein wenig Zeit geben. Folgt er der Scheibe bereits begeistert und nimmt sie bei einem Roller freudig und erfolgreich vom Boden auf, so sollte man ihn neben den Würfen unbedingt weiterhin ausführen. Auf diese Weise bleiben dem Hund Erfolgserlebnisse erhalten, so dass er sich weiter bemüht, die Scheibe zu bekommen.

Weiterhin muss man dem Hund ein wenig Zeit lassen, damit er die Flugbahn einer Scheibe kennen lernt. Voraussetzung hierfür ist natürlich ein immer guter Wurf seitens des Menschen. Die Scheibe sollte gerade zu Beginn immer eine möglichst gleiche Flugbahn beschreiben, das macht es dem Hund leichter, sie zu lesen. Außerdem muss die Scheibe »maulgerecht« geworfen werden, also idealerweise so, dass der Hund nur noch den Fang öffnen muss, weil sie ihm direkt vor der Nase vorüberfliegt.
(2) Die Scheibe ist zu hart. Man muss nicht von Beginn an eine Scheibe benutzen, die für den Wettkampf zugelassen ist. Viel wichtiger ist es, dass der Hund zunächst Spaß am gemeinsamen Spiel entwickelt. Häufig sind weichere Scheiben angenehmer. Besonders im Winter, wenn die Witterung zu kalt ist, wird eine normale Scheibe zu hart und der Hund mag gar nicht zubeißen. Vielleicht hat er mit einem bestimmten Material auch einmal schlechte Erfahrungen gemacht und er muss erst langsam wieder daran gewöhnt werden.

Problem: Der Hund bringt die Scheibe nicht zurück

(1) Er läuft demonstrativ einige Runden, indem er die Scheibe möglichst hoch trägt und mit aufrechter Körperhaltung und erhobener Rute läuft. Er »zeigt« den anwesenden Hunden oder Menschen demonstrativ seine Beute. Er unterlässt dieses Verhalten evtl. wenn keine tierischen oder menschlichen Zuschauer vorhanden sind.

(2) Er lässt sie nach dem Fangen sofort wieder fallen.
(3) Der Hund zerbeißt die Scheibe, nachdem er sie gefangen hat oder während des Zurücklaufens zu seinem Menschen.

Die mögliche Ursache ist ...
(1) Der Hund gibt mit seiner Beute an und möchte bewundert werden. Bei Zuschauern macht das besonders viel Spaß, deshalb spielt er zuverlässig mit, wenn er auf einer einsamen Wiese ist.
(2) Der Hund verliert das Interesse, wenn er seine Beute erwischt hat und wendet sich »schöneren« Dingen zu.
(3) a) Der Hund ist zu aufgedreht und muss seine Energie loswerden. Er zerstört in solchen Fällen immer etwas.
(3) b) Das Zerbeißen von Gegenständen gehört zu einer seiner Lieblingsbeschäftigungen.

Die mögliche Lösung ist ...
(1) Läuft der Hund bereits seine angeberische Runde, um den Anwesenden seine tolle Beute zu zeigen, ruft man ihn zu sich und bricht das Training ab. Der Trainingsort wird nun so ausgewählt, dass man zunächst allein mit dem Hund ist. Zeigt er auch dort dieses Verhalten, so möchte er, dass man selbst ihn für seine Beute bestaunt, deshalb ignoriert man es und belohnt den Hund für Ansätze zum Zurückbringen ohne Imponiergehabe. Kommt der Hund gar nicht zurück, kann man auch besonders gelangweilt tun, so als ob man etwas total Uninteressantes tut. Unterstreichen kann man das beispielsweise, indem man sich anderen Dingen zuwendet, gähnt oder selbst mit einem Spielzeug spielt, welches natürlich tausendmal besser ist als das des Hundes.

Um tatsächlich einmal vor Zuschauern spielen zu können, muss man nun die Personen- und Hundeanzahl wieder steigern, die sich am Ort aufhalten. Wichtig ist, dass die Anwesenden sich nicht für dieses Verhalten interessieren. Dies gilt besonders für die Hunde der Schaulustigen. Erst im nächsten Trainingsschritt werden auch Hunde eingebunden, die sich tatsächlich beeindrucken lassen. Selbstverständlich stehen alle Zuschauer immer in einem angemessenen Abstand, idealerweise hinter einem Zaun.

In besonders hartnäckigen Fällen kann man auch mit einer Schleppleine arbeiten. Die Leine sollte etwa eine Länge von zehn Metern haben und am Ende keinen Knoten, damit sie nicht hängen bleibt. Der Umgang mit einem solch langen Seil muss natürlich geübt werden, sonst gibt es womöglich einen Knoten aus Mensch und Hund ...

Aber im Ernst, man muss schon genau hinsehen, wo sich die Leine befindet. Zu Beginn ist es am sinnvollsten, das Ende der

Leine festzuhalten - erst später soll es über den Boden schleifen. Der Hund sollte beim Halten der Schleppleine allerdings nicht beim Fangen der Scheibe gestört werden, schließlich ist dieses Verhalten ja erwünscht. Damit es nicht doch zu unerwünschtem Rucken am Hals kommt, sollte der Hund ein Geschirr tragen. Wenn er dort aus Versehen einmal hineinrennt, sind die Folgen weniger schwerwiegend. Als Wurftechnik eignet sich zu Anfang ein Rückhandroller.

Hat der Hund die Scheibe erfolgreich gefangen, wird er mittels Schleppleine am Angeben gehindert, indem er zum Werfer gezogen wird. Jeder Ansatz zum freiwilligen Kommen muss hier unbedingt belohnt werden! Auch die Belohnung beim Ankommen beim Menschen muss unbedingt Bestätigung im gemeinsamen Spiel oder einer anderen verlockenden Belohnung finden.

Nach einiger Zeit hat der Hund verknüpft, dass Angeben mit Schleppleine nicht möglich ist und sich das sofortige Zurückkommen lohnt ohne das Zurückziehen mittels Schleppleine. Nun beginnt man die Schleppleine auf dem Boden schleifen zu lassen. Damit dies für den Hund nicht plötzlich wieder die große Freiheit bedeutet und er wieder sein altes Verhalten - also das Imponieren - ausübt, wird die Scheibe trotzdem nur so weit geworfen, dass man die Leine schnell ergreifen kann, falls der Hund wieder Runden drehen möchte.

Häufig ist man mit dem Fuß erst einmal schneller und hat auch mehr Kraft als mit der Hand. Fängt und bringt der Hund die Scheibe nach genügend Trainingseinheiten mit Schleppleine zuverlässig auch bei Zuschauern und anwesenden Hunden zurück, die selbst gern die Scheibe besitzen wollen, so beginnt man die Schleppleine wieder abzubauen. Man kann sie nicht einfach weglassen, sondern muss sie langsam kürzen. Dies geschieht zunächst in ein Meter großen Stücken, ab vier Meter in 50 Zentimeterstücken. Bei sehr pfiffigen Hund muss man am Ende die Stücke noch kleiner machen, bis schließlich nur noch der Karabiner am Ring hängt.

(2) Hier muss das Beutetragen besonders trainiert werden, denn der Hund empfindet es nicht als lohnend. Dies erreicht man durch Zerrspiele mit gemeinsamem Beutetragen und kurzem Tragenlassen durch den Hund. In dieser Phase des Übens wird die Scheibe zunächst nicht mehr geworfen, sondern aus dem Zerrspiel heraus dem Hund kurz überlassen, um dann wieder das Beutespiel fortzusetzen. Findet der Hund das Tragen der Scheibe richtig klasse, beginnt man im Wechsel zu trainieren, also mit geworfenen Scheiben und Zerrspielen. Diese sollten bei einem solchen Hund zukünftig niemals im Training fehlen.

(3) a) Hier muss wiederum unterschieden werden! Entweder ist der Hund nicht genügend ausgelastet oder er ist überbeschäftigt. Der erste Fall entsteht durch Unterbeschäftigung oder falsche Beschäftigung (beispielsweise viel Bewegung am Fahrrad, obwohl der Hund mehr Kopfarbeit braucht), zweites entsteht durch zu wenig Ruhe- und Schlafphasen (beispielsweise zu viel Aktivität in der Familie, kein ruhiger Schlafplatz, Ausüben mehrerer Sportarten).

Der Hund muss auch beim Ausüben von DiscDogging seiner Rasse gemäß beschäftigt werden. Hunde können gut bis zu zwei Sportarten ausführen, wenn nicht übermäßig trainiert wird oder ständig Wettkämpfe anstehen. Es eignet sich für einen aktiven Hund beispielsweise, zusätzlich zum DiscDogging noch Agility oder Obedience auszuüben.

Das nervöse Verhalten des Hundes sollte auf keinen Fall Bestätigung finden. Der Hund braucht tagsüber unbedingt viel Ruhe, besonders am Tag des Trainings sollte der Hund viel Schlaf bekommen haben. Je nach Rasse sollte die gesamte Schlafzeit 17 Stunden pro Tag umfassen. Ist dies erfüllt, so kann der Hund auch neue Dinge viel schneller erfassen und lernt so manchen Trick leichter.

Um mehr Ruhe in das Training selbst zu bringen, kann man zwischen den Würfen ruhige Übungen einbauen, wie beispielsweise das Verhalten »Hinlegen«, wenn der Hund dieses gut beherrscht.

(3) b) Der Hund hat sich aus welchen Gründen auch immer das Zerbeißen zur Lieblingsbeschäftigung gemacht, dieses muss man ihm jetzt wieder abgewöhnen. Liegt zu Hause immer »Kaubares« herum, wird dies weggeräumt, damit man kontrollieren kann, wann der Hund etwas zerbeißt und kaut.

Ein wenig Kauen am Tag wirkt beruhigend auf den Hund, aber Dauerkauen führt zu Stress und kann für den Hund zu einer wahren Sucht werden!

Problem: Der Hund ist beim Training sehr stürmisch

Der Hund ist übereifrig und findet DiscDogging offensichtlich toll. Er bekommt allerdings häufig die Signale gar nicht mit oder macht unkontrollierte Bewegungen und Sprünge, die ihn möglicherweise verletzen könnten. Manche Hunde bekommen dazu noch Durchfall, zerstören die Scheibe oder andere Gegenstände, wimmern und jaulen unaufhörlich, wenn sie gerade warten müssen, weil andere spielen, bellen unaufhörlich, leiden unter plötzlichem Haarausfall, stellen die Nackenhaare auf, zittern, hecheln oder zeigen Stereotypien.

Die mögliche Ursache ist ...
Das Training verursacht beim Hund Stress. Der Hund hat gelernt, dass er möglichst aktiv sein soll. Es wurden zu wenig Kontrollen eingebaut, die dem Hund ruhiges Arbeiten abverlangen - der Hund ist in einen Kreislauf geraten, aus dem er selbst nicht mehr herauskommt.

Dies geschieht häufig bei Spielen, die das Nachjagen der Beute beinhalten. Da es sich hier um eine Jagdsequenz handelt, werden beim Hund ganz automatisch Stresshormone ausgeschüttet. Bekommt der Hund nicht genügend Phasen, in welchen er sich wieder »beruhigt«, peitscht ihn das natürlich auf.

Die mögliche Lösung ist ...
Der Hund gehört einer Rasse an, die für schnelles Hochfahren bekannt ist und sehr viel »Arbeitsfreude« aufweist oder ist einfach von Natur aus ein Temperamentsbündel. Durch intensives Training wurde diese noch gefördert. Der Hund kann den eigenen Stresskreislauf nicht mehr durchbrechen. Meist beginnt dieser mit Beginn des Trainings oder mit den Handlungen, die der Mensch typischerweise vor dem Training ausführt (beispielsweise bestimmte Kleidung anziehen, die Scheiben zusammenpacken). Was für den Hund alles zum Auslöser gehört, kann man mittels Ausschlussverfahren ausfindig machen. Man sucht dabei möglichst nach dem zeitlich ersten Auslöser, weil der für das Antistresstraining nötig ist. Alle anderen Ursachen müssen natürlich auch noch erforscht werden.

Der Hund bekommt keine Gelegenheit mehr, Gegenstände zu zerstören und sollte am Wimmern, Jaulen und Bellen gehindert werden. Beherrscht der Hund kein Signal zum Abbruch von Bellen und Jaulen, welches er auch in einer solchen Situation zuverlässig ausführt, sollte man ihn aus der Situation entfernen. Er wartet beispielsweise im Auto oder in einer Box. Hier darf der Hund nicht die Möglichkeit haben, den Auslöser des Verhaltens zu sehen. Man kann eine Box mittels eines Tuchs abdecken. Reichen dem Hund die Geräusche von anderen spielenden Hunden und Menschen schon aus, um aufzudrehen, muss man so viel Entfernung schaffen, dass der Hund diese nicht mehr wahrnimmt.

Genau an dem Punkt des ersten Auslösers muss man das Ganze unterbrechen, damit der Hund nicht in den Kreislauf gerät. Dies bedeutet, dass man die nötigen Utensilien für den Hund unsichtbar bei Abfahrt bereits gepackt hat, eine andere Tasche gebraucht, einen anderen Weg nutzt oder sogar an einem völlig unbekannten Ort übt. Die »üblichen« Scheiben werden evtl. zunächst durch ein völlig anderes Spielzeug, beispielsweise beim Üben von Apportieren ersetzt, Tricks werden nicht mehr mit der Disc bestätigt, sondern mittels Futter. Nimmt der Hund kein Futter beim Training, ist dies ein Indiz für Stress! Nur ein entspannter Hund kann fressen. Während des Trainings werden unbedingt ruhige Übungen, die der Hund bereits beherrscht, ausgeführt. Dies kann das Verhalten »Hinlegen« sein. Für den Hund darf es aber auf keinen Fall als Strafe empfunden werden.

Die Trainingseinheiten sollten möglichst so kurz sein, dass der Hund sich noch konzentrieren kann. Es ist nicht sinnvoll, die Grenzen zu testen. Stattdessen gilt: Lieber ein wenig zu früh aufhören! Manchmal kann man so nur einige Sekunden üben.

Damit der Hund sich nicht nur auf das begehrte Objekt Flugscheibe konzentriert, muss er auch für Kontaktaufnahme zum Menschen belohnt werden. Er erhält beispielsweise ein Futterstück für das Ansehen des Menschen. Der Mensch soll für den Hund keine Scheibenwurfmaschine sein.

Auch die Bewegungen des Menschen haben Einfluss auf das Verhalten des Hundes. Man bewegt sich also ruhig und langsam. Dies kann man zusätzlich mittels ruhiger und gedämpfter Stimme unterstreichen. So können auch Signale möglichst leise gegeben werden. Der Hund soll sich ruhig darauf konzentrieren müssen, um sie zu hören!

Der Hund benötigt viel Schlaf und angemessene Ruhepausen, um sich konzentrieren zu können. Dies sollten bis zu 17 Stunden täglich sein! Vor dem Training kann man allerdings eine ruhige Runde drehen, damit der Hund sich bereits ein wenig bewegt hat und sich entleeren konnte.

Auch das Futter kann seinen Beitrag zur Nervosität leisten. Ein proteinreiches Futter ist für einen hektischen Hund ungeeignet. Es besteht bei manchen Hunden eine Unverträglichkeit gegenüber Inhaltsstoffen des Futters, die zu hyperaktiven Verhaltensweisen führen können.

Sind die Verhaltensweisen des Hundes nicht zu beeinflussen, weil dieser nicht aufnahmebereit ist, muss man über eine längere Pause nachdenken. Diese kann einige Monate dauern. Es gibt aber auch Hunde, bei denen die längste Pause und der am wenigsten stressige Aufbau nicht zu Verbesserungen führt. Hier ist auf jeden Fall ein Gesundheitscheck beim Tierarzt notwendig. Dieser sollte sich auf mehr beziehen als eine allgemeine Untersuchung. Man sollte auch allergische Vorgänge in Betracht ziehen. Ist beim Hund auch hier nichts zu finden, so ist es in einem solchen Fall ernsthaft in Erwägung zu ziehen, seinen Hund mit einer anderen Sportart zu beschäftigen. Hier eignen sich unter anderem kontrollierte Suchspiele.

Problem: Der Hund gibt die Scheibe nicht ab

Der Hund behält die Scheibe im Fang und gibt sie nicht ab.

Die mögliche Ursache ist ...

Der Hund möchte seine Beute nicht abgeben. Er imponiert zwar nicht damit, aber die Scheibe ist für ihn so wertvoll, dass er sie weiter im Maul tragen möchte.

Die mögliche Lösung ist ...

Für den Hund muss es sich lohnen, die Scheibe auszuspucken. Interessiert er sich für gar nichts mehr außer für »seine« Scheibe, so übt man das Abgeben zunächst mit weniger schönen Spielzeugen oder ungefährlichen Gegenständen. Lässt der Hund diese los, so folgt zur Belohnung ein besonders tolles Futterstück oder ein kurzes gemeinsames Spiel. Nun steigert man langsam die Attraktivität der Spielzeuge, wobei der Mensch immer eine für den Hund attraktivere Verlockung in den Händen hält.

Man könnte auch die Anziehungskraft der Scheibe abschwächen, indem man im normalen Lebensraum ganz viele Flugscheiben verteilt. Dies ist aber tatsächlich nur empfehlenswert, wenn der Hund wirklich das Interesse verliert. Steigert er sich jetzt erst recht hinein und bunkert die Scheiben an einer Stelle oder verteidigt sie sogar, so ist dieser Weg nicht empfehlenswert.

Es ist nicht ratsam, sich auf einen Kampf um die Scheibe einzulassen, indem man sie festhält oder an ihr zieht. Reagiert der Hund tatsächlich aggressiv, kann das zu Verletzungen führen. Der Hund könnte dieses Gerangel aber auch als Spiel ansehen, bei dem immer er gewinnt.

»Ich und meine Scheibe ...«

DiscDogging mit dem Welpen

Beim Welpen kann man wichtige Grundlagen zum zukünftigen gemeinsamen Spiel nicht nur mit der Scheibe legen. Natürlich unterscheidet sich dieses Üben von dem mit erwachsenen Hunden. Allerdings gelten die gleichen Grundprinzipien für das Spielen wie mit den erwachsenen Hunden. Die wichtigste Einschränkung:

Der Welpe soll nicht springen, es werden also keine Scheiben geworfen!

Hunde dürfen erst das vollständige Training genießen, wenn sie ausgewachsen sind. Außerdem muss man Vorsicht bei den Zähnen walten lassen, da sie ebenfalls erst vollständig ausgehärtet sind, wenn der Hund das Erwachsenenalter seiner Rasse erreicht hat. Da dieser Zeitpunkt bei der Vielzahl von Rassen, die es gibt, sehr unterschiedlich sein kann, wird hier kein konkretes Alter angegeben. Darüber kann man sich beim Züchter oder Tierarzt optimal informieren.

Aber es gilt beim gesunden Welpen: Angemessene Bewegung fördert bei einem jungen Hund nicht nur die geistige Gesundheit, sondern auch die des Bewegungsapparates, weil es zu einem guten Aufbau der Muskeln kommt. Um das richtige Maß zu kennen, muss man seinen Hund gut kennen. Weniger ist da manchmal mehr. Wie übe ich also konkret mit meinem jungen Hund? Da Welpen sich naturgemäß sehr leicht zu Beutefangspielen motivieren lassen, ist dies natürlich der erste Ansatzpunkt. Einige Minuten täglich mit einer möglichst weichen Scheibe - hier ist Nylon ein sehr gutes Material - können zu der nötigen Begeisterung für das spätere Spiel genügen. Dabei sollte das kleine Wollknäuel auch ruhig mal über den Körper des Menschen tapsen, damit es daran gewöhnt ist, sich auch mal auf dem Mensch zu befinden. Mit ein wenig Locken und körpernahem Spiel mit der Scheibe erreicht man dies meist schnell.

Damit der kleine Hund das Bringen von Beute erlernt, rollt man die Scheibe auch hin und wieder auf dem Boden weg. Hierbei benötigt man keinen Vorhand- oder Rückhandroller, es reicht, wenn man die Scheibe senkrecht auf den Boden stellt und ihr ein wenig Schwung gibt.

Der Welpe wird natürlich tüchtig gelobt, wenn er sie aufnimmt und trägt. Durch Locken (evtl. mit einer zweiten Scheibe) läuft er auch in Richtung des Menschen. Auch dieses wird ausgiebig gewürdigt. Das Zurückbringen kann man leicht provozieren, indem man mit dem kleinen Hund auf seiner Decke spielt. Rollt nun etwas aus diesem Bereich hinaus, bringt ein Welpe seine Beute immer wieder zurück in »seinen« Bereich. Verbindet man dieses Verhalten mit einem schönen Spiel, ist dem Hund schnell klar, was am meisten Spaß macht. Dieses Aufnehmen und Zurückbringen kann man bei gewünschter Ausführung durch den Hund auch unter Signalkontrolle bringen. Hier eignet sich das Wort »Bring« kombiniert mit einem Handzeichen.

Mit einem kleinen Hund empfiehlt es sich, bereits das Nehmen aus der Hand zu üben. Auch diese Übung kann man leicht mittels eines Signals zu einem abrufbaren Verhalten werden lassen.

Damit es nicht zu geistiger und körperlicher Überforderung kommt, sollte das Spiel nicht zu lange dauern. Zwei bis drei Minuten sind hier schon ausreichend, um eine Grundlage für weiteres Spielen und Trainieren aufzubauen. Wird der Hund älter, kann man mit kleinen Sprüngen beginnen. Hierzu eignet sich zum Beispiel das auf dem Boden liegende Bein oder gar der ganze Körper des Menschen. Übt man mit Bedacht, hat man gute Grundlagen für den Spaß mit Hund und Scheibe gelegt.

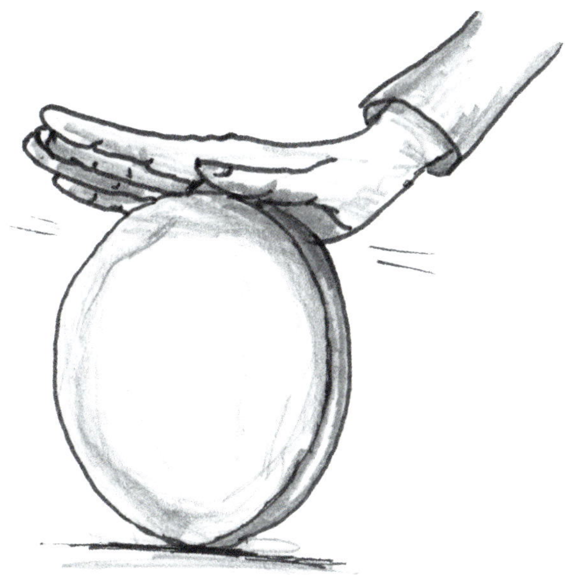

Welpenroller

Mehrere Scheiben einsetzen

Die zweite Scheibe

In einer Freestyle-Show darf man bis zu sieben Scheiben benutzen. Dieses muss sowohl vom Mensch als auch vom Hund zunächst erlernt werden!

Beherrschen Hund und Mensch das Spiel mit einer Scheibe gut, kommt der nächste Schritt: Der Einsatz einer zweiten Scheibe. Wie soll das Spiel mit einer zweiten Scheibe eigentlich aussehen? Wünschenswert ist es, wenn der Hund die erste geworfene Scheibe möglichst weit zum menschlichen Spielpartner zurückbringt. Dieses erleichtert das Einsammeln der Scheiben, idealerweise bringt der Hund sie so weit zurück, dass man sich nur noch zu bücken braucht.

Allerdings muss man hier auch das Individuum Hund sehen. Nicht jeder Hund fühlt sich wohl, wenn er die Scheibe erst sehr kurz vor dem Fangen einer zweiten Scheibe bei einem körpernahen Trick fallen lässt.

Der Hund soll also die Scheibe möglichst ohne Kommando sehr nah beim Menschen fallen lassen und sich auf die Anweisungen durch diesen konzentrieren.

Wie übt man konkret?

Mittels Einsatz der zweiten Scheibe:

Die erste Scheibe wird geworfen oder gerollt. Der Hund bringt sie zurück und lässt sie irgendwann fallen. Ob er dies nun bewusst oder unbewusst tut, ist zunächst nicht wichtig. Viel wichtiger ist es, dass der Mensch den Hund in genau diesem Augenblick lobt und mit der zweiten Scheibe ein Spiel inszeniert. Dieses kann beispielsweise ein Zerrspiel sein.

Dieser Schritt wird solange wiederholt, bis der Hund die Scheibe schon in freudiger Erwartung auf den Fortgang des Spiels gern ausspuckt, was bedeutet, dass es dem Hund bewusst geworden ist, worum es geht.

Hier ist Geduld angesagt, wie immer beim Formen eines Verhaltens bei Tieren. Nicht jeder Hund bekommt sofort mit, was er da tut.

Jetzt ist es an der Zeit, den Umkreis festzulegen, in dem die erste Scheibe auf dem Boden landen soll. Lässt der Hund sie zuverlässig auf den Boden fallen, belohnt man nur noch die fallen gelassenen Scheiben, die möglichst nah beim Mensch auf den Boden landen. Zu Beginn kann die Entfernung ruhig sehr groß sein, durch dieses Formen kann man sich bis auf wenige Meter heranarbeiten.

Mittels Einsatz anderer Belohnungen wie Futter:
Das Prinzip ist eigentlich dasselbe wie bei der ersten Methode. Bei besonders spielverrückten Hunden kann es allerdings sinnvoll sein, das Ganze nicht unter Einsatz einer zweiten Flugscheibe zu üben. Hunde, die leicht in Ekstase geraten, bekommen dann nicht so schnell mit, was sie da eigentlich tun und so kann es sehr lange dauern, bis man das erzielte Verhalten erreicht.

Der Hund bringt die Scheibe zurück und lässt sie irgendwann fallen. Jetzt muss der Mensch entweder schnell oder clever sein. Belohnt man nämlich mittels eines Futterstücks, muss der Hund dieses in dem Augenblick erhalten, in dem er die Scheibe fallen gelassen hat. Tut der Hund dieses immer sehr nah am Mensch, ist das nicht so ein großes Problem. Sind die ersten Versuche allerdings in beträchtlichem Abstand zum menschlichen Spielpartner, so bekommt man Probleme mit dem Timing. Hier ist es sinnvoll, ein »Brückenwort« einzubauen.

Was bedeutet dies? Ein Brückenwort beinhaltet für den Hund die Information, dass das Verhalten genau in der Sekunde, in der das Wort kommt, das gesuchte ist. Weiterhin verspricht es eine Belohnung, die sich der Hund anschließend abholen kann. Dieses Wort sollte ein prägnantes, kurzsilbiges wie »Spitze« sein, damit der Hund es immer wieder als sein eigenes Brückenwort erkennt. Zudem muss es eines sein, dass bisher noch nicht häufig im Umgang mit dem Hund gebraucht wurde. Nach dem Wort kommt immer ein Futterstück oder eine andere Belohnung.

Beherrscht der Hund das Fallenlassen der Scheibe, führt man die zweite Scheibe ein. Je nach Hund baut man die Belohnung mittels eines Futterstücks verschieden schnell ab, indem man nur noch jede zweite, jede dritte, jede fünfte und schließlich nur noch jede siebte Ausführung belohnt. Es darf für den Hund nicht voraussehbar sein, ob eine Belohnung kommt oder nicht. Aber es muss für den Hund klar sein, dass er sich eine Belohnung verdienen kann! Nach dem Auslassen der ersten Scheibe oder nach Erhalt der Belohnung fliegt die zweite Scheibe, für die der Hund ebenfalls ein Futterstück bekommen kann, wenn er diese in den gewünschten Bereich mit zurückbringt.

Für beide Methoden ist das Ziel, dass der Hund fließend die erste Scheibe zurückbringt, diese möglichst nah beim Mensch fallen lässt und sich sofort seiner nächsten Aufgabe widmet.

Zum Fangen einer zweiten Scheibe kann man den Hund um sich herumlaufen lassen oder die Scheibe in Verlängerung der Geraden

Mehrere Scheiben

werfen, auf der der Hund zurückkommt. Zu Beginn beschränkt man sich auf eine dieser Möglichkeiten. Später trainiert man beide, weil sie eine gute Grundlage für weitere Tricks bilden.

Es gibt natürlich auch die Variante, dass der Hund die Scheibe in die Hand gibt. Dieses sollte allerdings auf Kommando geschehen, da es im normalen Spielverlauf stören würde. Hier eignet sich das Signalwort »Gib«. Das Training dafür ist ein wenig langwieriger, aber nicht schwieriger. Am leichtesten übt man das während eines Zerrspiels mit dem Hund. Dazu provoziert man, dass der Hund die Scheibe in die Hand stößt, um das Spiel fortzusetzen. In dem Augenblick hält man die Scheibe ruhig fest, zieht aber nicht gegen. Viele Hunde lassen dann kurz los. Sofort erfährt der Hund die Belohnung durch Fortgang des Spiels.

Drei und mehr Scheiben

Lassen sich zwei Scheiben noch leicht durch den Menschen beherrschen, so muss man ab drei Scheiben schon etwas koordinierter arbeiten. Am leichtesten ist es, die Scheibe leicht versetzt gestapelt in die Hand zu nehmen.

Auf diese Weise kann man immer von oben die nächste Wurfscheibe abnehmen, indem man leicht unter den Rand greift. Mit dem Hund trainiert man nach dem gleichen Prinzip wie bei der Übung mit zwei Scheiben weiter.

Generell ist es wichtig, dass der Hund weiß, um welche Scheibe es in diesem Augenblick geht. Er darf also nicht dafür bestätigt werden, wenn er sich herumliegenden Scheiben auf dem Spielfeld zuwendet oder versucht eine Scheibe aus der »falschen« Hand zu klauen, während der Mensch mit der nächsten Scheibe fortfahren will.

Freestyle-Elemente

Im Freestyle gibt es Elemente, die in vielen Tricks wiederzufinden sind oder als Grundlage für weitere Schritte dienen. Bevor man sich also an sehr komplizierte Tricks wagt, sollte man das erste Jahr nur Grundlagen trainieren. Dies schont nicht nur die Nerven, sondern auch die Gesundheit des Hundes, weil dieser die motorischen Vorgänge auf diese Weise zuverlässiger erlernen kann.

Es ist sehr nützlich, wenn der Hund eine der Verhaltensweisen Stehen-, Sitzen- oder Liegenbleiben beherrscht. So benötigt man nicht zwangsläufig eine zweite Person, die den Hund festhält. Diese Zeit sollte man also zu Anfang ruhig investieren.

Der Hund interessiert sich nun genügend für die Scheibe und kann es kaum erwarten anzufangen. Meist sind keine anderen Belohnungen für den Hund mehr nötig - das Fangen der Flugscheibe ist die Bestärkung.

Noch einige Worte zu den Kommandos. Dass Hunde viel besser auf Körpersprache reagieren als auf das gesprochene Wort, ist bekannt. Deshalb ist es gar nicht so wichtig, dem Hund die Kommandos zuzubrüllen. Die Körperhaltung verrät dem Hund ganz leicht, welcher Trick als nächstes folgt. Trotzdem halte ich es für sinnvoll, ein gesprochenes Wort zu trainieren, weil dies eine Stütze für den Menschen sein kann und dieser eine gewisse Routine im Spiel bekommt.

»Rum«

Dieses Verhalten ist im Kapitel Catches von der Erde und aus der Luft bereits beschrieben. Um auch hier Variation hineinzubringen, kann man noch die entgegengesetzte Richtung mit einem anderen Signal trainieren.

»Durch«

Ziel:

Der Hund soll auf das Kommando durch die gespreizten Beine laufen und eine Scheibe fangen.

Wie trainieren?

Das Kommando »Durch« kann man leicht durch Locken trainieren. Der Hund wird in etwa fünf Meter Entfernung abgesetzt. Nun hält man die Scheibe von hinten zwischen die gespreizten Beine und bewegt sie, wenn der Hund das Auflösungskommando für das

»Durch«

Sitzen erhält. Alternativ kann auch eine zweite Person den Hund festhalten und im passenden Augenblick loslassen. Der Hund darf bei den ersten Versuchen in die Scheibe beißen und um diese mit seinem Menschen kämpfen. Nun wirft man die Scheibe nach hinten weg, so dass der Hund hinterher jagen kann, wenn er durch die Beine gelaufen ist. Eine weitere Variante ist es, den Hund einmal von vorn und einmal von hinten durch die Beine laufen zu lassen.

»Nimm«

Ziel:

Der Hund soll auf das Kommando die Scheibe aus der Hand oder dem Mund nehmen.

Wie trainieren?

Dieses Verhalten erzielt man am schnellsten im gemeinsamen körpernahen Spiel. Wenn der Hund die Scheibe, auch zufällig, nimmt, wird er belohnt. Entweder durch Fortsetzung des Spiels, dem Hinterherjagen einer Scheibe oder einem Futterstück. Will man das Nehmen aus dem Mund üben, muss man den Hund zunächst daran gewöhnen, dass er sich dem Gesicht des Men-

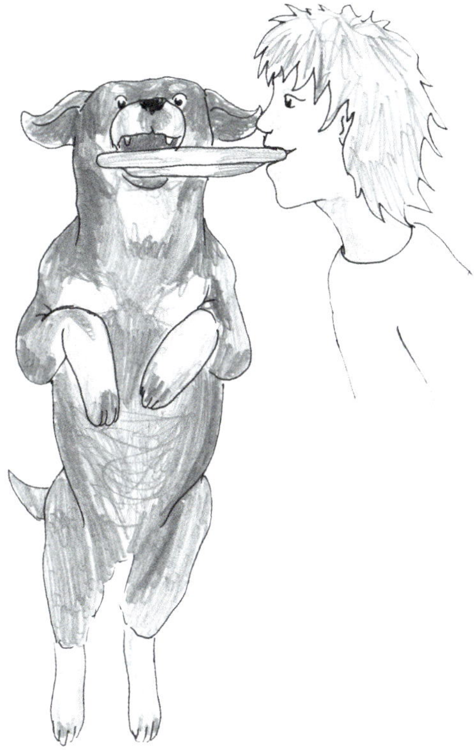

»Nimm«

schen nähern darf. Dies kann bei Hunden aus zwei Gründen ein Problem sein: Erstens wird dem Hund normalerweise von Welpenalter an das Hüpfen Richtung Gesicht verboten und zweitens darf der Hund seinem Rudelführer nicht ungestraft eine Beute aus dem »Maul« nehmen. Beherrscht er also das Nehmen aus der Hand, nähert man diese mit der Scheibe bei jedem Versuch immer ein bisschen mehr dem Gesicht. Mit etwas Geduld erreicht man dabei schnell, dass der Hund die Scheibe aus dem Mund nimmt.

Noch ein kleiner Tipp: Die Scheibe nicht mit den Zähnen halten. Springt der Hund etwas ungestüm, kann es sonst sehr schmerzhaft werden. Am leichtesten ist es, wenn man die Scheibe mit der Unterseite nach oben zwischen die Lippen klemmt und kurz bevor der Hund angeflogen kommt loslässt.

Im fortgeschrittenen Stadium kann der Hund beim so genannten »Mouthtake« noch über das ausgestreckte Bein springen.

»Spring«

Ziel:

Der Hund soll über ein beliebiges Körperteil springen, ohne dieses zu berühren. Dabei soll er eine Scheibe fangen.

Wie trainieren?

Diese Übung unterteilt man in einzelne Schritte. Erstens muss der Hund das Springen über ein Körperteil lernen, zweitens das gleichzeitige Aufnehmen der gehaltenen Scheibe während des Sprungs (womit wir wieder beim »Nimm« wären) und letztendlich noch das Fangen der geworfenen Scheibe während des Übersprungs.

Am einfachsten ist es, wenn man beim Übersprung mit dem Bein anfängt. Der Hund muss dann nicht so hoch springen und der Mensch kann leicht agieren.

Um von Beginn an zu vermeiden, dass der Hund am Bein vorbeispringt, sucht man sich zunächst eine ungefährliche Begrenzung. Das kann zum Beispiel eine Wand oder Mauer sein. Vorsicht bei Zäunen, der Hund kann daran schnell hängen bleiben.

Der Hund wird möglichst abgesetzt und dann über das gegen die Wand gestemmte Bein gelockt. Das Bein darf ruhig so niedrig sein, dass es dem Hund zunächst unmöglich ist, darunter durch zu laufen. In den folgenden Trainingsabschnitten wird es immer einige Zentimeter höher genommen, bis es eine Höhe erreicht hat, die für den Hund noch immer leicht zu überspringen ist. Erst jetzt entfernt man sich langsam von der Wand und verlegt somit das Spiel auf die Wiese. Die angemessene Belohnung bei Ausführung nicht vergessen!

Beherrscht der Hund das »Spring«, kommt die Scheibe zum Einsatz. Man hält diese nicht zu hoch und nicht zu tief - wie man das erkennt? Der Hund zeigt seine »natürliche« Flugbahn beim Springen ohne Scheibe. Achtet man darauf, wo sich der Kopf befindet, ist es ganz leicht herauszufinden. Um sich selbst zu überprüfen, kann man auch eine zweite Person zuschauen lassen.

Beherrscht der Hund das Nehmen beim Überspringen, kommt der nächste Abschnitt, das Fangen der geworfenen Scheibe. Dazu muss der Mensch diese natürlich gut platzieren können, deshalb unbedingt vorher üben! Für den Hund ist es eine Umstellung, weil sich die Scheibe während des Absprungs nicht mehr am selben Ort befindet wie in der Flugphase. Der Hund braucht nun einige Versuche, bis er die Scheibe richtig lesen kann. Da dieses Element in vielen Tricks enthalten ist, muss es gut geübt werden. Natürlich kann man den Hund auch über beispielsweise die Arme oder den Körper springen lassen. Solange er nicht unangemessen hoch fliegt, sind der Fantasie keine Grenzen gesetzt.

Wie erstellt man eine Freestyle-Kür?

Grundlagen

Eine Freestyle-Kür soll ein harmonisches Spiel von Mensch und Hund sein, das zu der ausgewählten Musik passt.

Es ist aber nicht immer einfach die Harmonie zu erhalten, wenn man mit dem »unberechenbaren« Wesen Hund zusammenarbeitet. Auch der Mensch kann einen großen Teil zur Störung der Kür beitragen.

Betrachtet man sich das Ganze genauer, wird schnell klar, dass man doch sehr viele Dinge beachten muss. Der Hund benötigt beispielsweise für einen Trick nicht immer die gleiche Zeit, der Mensch wirft die Scheibe nicht immer gleichmäßig, also nicht immer in die passende Richtung und nicht immer auf die gleiche Entfernung, auf die Musik muss geachtet werden und die Umgebung kann auch zu mancher Ablenkung beitragen. Es ist also einleuchtend, dass ein starrer Aufbau einer Darbietung nicht möglich ist. Man benötigt »Puffer« in der Aufführung, damit man immer wieder die Möglichkeit hat, in den Aufbau wieder einzusteigen, ohne dass die Show auffällig gestört wird.

Jeder findet mit der Zeit sein eigenes Konzept mit dem er am besten umgehen kann. Die folgenden Anregungen sind lediglich als Hilfestellungen für unerfahrene DiscDogger gedacht.

Will man eine Darbietung für einen Wettkampf einüben, ist es unbedingt notwendig, die geltenden Regeln zu kennen. Handelt es sich zum Beispiel um das Reglement eines bestimmten Verbandes, variieren bestimmte Einzelheiten wie die Anzahl der Scheiben, die benutzt werden dürfen.

Scheibenhandling

Unter Scheibenhandling versteht man die Koordination der Scheiben während der Darbietung. Dies ist unbedingt nötig, denn die bis zu sieben Scheiben müssen ihren Platz sowohl in den Händen des Menschen als auch in der Show finden.

Für Anfänger ist es mit Sicherheit sinnvoller, nicht gleich bei der ersten Aufführung sieben Scheiben zu benutzen. Mit drei Discs kann man bereits eine ansehnliche Darbietung liefern. Auch der Hund muss im Training lernen, mit vielen Scheiben klarzukommen.

Dabei kann man verschiedene Varianten anwenden. Es ist beispielsweise möglich, sich immer die nötige Anzahl für die nächste Sequenz vom Boden aufzuheben, während der Hund einer lang geworfenen Scheibe nachjagt oder aber immer erst alle Scheiben zu werfen und dann wieder alle einzusammeln. Ist die Kür in verschiedene Abschnitte unterteilt, die sich möglichst noch an der Musik orientieren, kann man nach diesen alle Scheiben aufsammeln, um dann wieder loszulegen.

Die Elemente

Sämtliche Elemente sind als Anregung gedacht. Es gibt unendlich viele Möglichkeiten, den Hund beispielsweise über den Körper des Menschen springen zu lassen.

Auch das Einbauen der Scheibe in ein Element kann auf den Hund abgestimmt erfolgen - DiscDogging ist ein kreativer Sport, der ganz nach den Verhältnissen des Hundes aufgebaut werden kann!

Doch es gilt bei all den Ideen, niemals die körperlichen Verhältnisse außer Acht zu lassen. Ein kleiner Hund sollte beispielsweise nicht unbedingt über einen Menschen springen. Es gibt immer Wege sich möglichst klein zu machen. Auch Übungen, die dem Hund so gar nicht liegen, sollte man nicht unbedingt trainieren. Es ist viel wichtiger, sich am eignen Vierbeiner zu orientieren und die Vorlieben des Hundes zu fördern.

Elemente auf dem Boden

Da der Einsatz der Scheibe bei den Elementen auf dem Boden sehr vielseitig ist, wird hier nicht jede Möglichkeit des Werfens erklärt.

Alle Elemente sind besonders leicht und effektiv mittels Klickertraining zu üben, deshalb ist diese Methode bevorzugt anzuwenden. Neben dem Einüben mittels Locken und Bestärken ist bei jedem Element ein mögliches Ansatzverhalten und der Fortgang des Formens zum Klickern notiert.

»Rum«

Es ist eines der wichtigsten Bestandteile beim Training und kann auch in einer Show eingesetzt werden. Beherrscht der Hund es im und gegen den Uhrzeigersinn, kann man ihn so leicht zum Laufen in die richtige Richtung animieren. Als Wurftechniken eignet sich hier fast alles. Deshalb ist diese Übung gerade beim Training neuer Würfe häufig einzusetzen.

Wie übt man das?

Die Beschreibung dazu ist im Kapitel Catches von der Erde zu finden.

»Voraus«

Der Hund rennt auf das Signal hin in gerader Linie vom Menschen weg und »wartet« laufend auf die Scheibe, die genau in seine Laufrichtung geworfen wird. Dieses Element ist sehr nützlich beim Mini Distance, weil man so den Hund schon losschicken kann, bevor man überhaupt geworfen hat. Dies ist allerdings eher für langsame Hunde zu empfehlen.

Wie übt man das?

Beim Werfen der Scheibe nennt man das Signalwort, genau in dem Augenblick wenn der Hund beginnt hinterherzulaufen. Bei genügend Wiederholungen verknüpft der Hund das Signal. Man festigt es, indem man den Hund ohne Scheibe vorauslaufen lässt und ihn anschließend belohnt.

Mit dem Klicker:

Schaut vom Mensch weg - bewegt sich vom Mensch weg - läuft vom Mensch weg.

»Durch«

Wie bereits beschrieben ist auch dieses Element nützlich und gut in eine Kür einzubauen. Hierbei sollte der Hund keinen Unterschied machen, ob er dabei auf die Rück- oder Vorderseite des Menschen zuläuft und dort durch die Beine fegt. Noch bemerkenswerter sieht es aus, wenn der Hund selbst dabei rückwärts läuft. Weil dies relativ schwierig ist und der Hund meist den Kopf nach hinten hält um etwas zu sehen, sollte diese Übung nur kurz stattfinden.

Wie übt man das?

Am leichtesten ist dies zu üben, indem man den Hund absetzt und sich mit gespreizten Beinen vor ihn stellt. Nun lockt man ihn, indem man die Scheibe zwischen die Beine hält und sie sofort zur Belohnung nach hinten bzw. vorn wirft, je nachdem welche Richtung man übt. Das Halten der Scheibe wird immer mehr durch ein Wort oder eine andere Geste als Signal ersetzt.

Rückwärts durch die Beine laufen erlernt der Hund leicht mittels Futter. Man lockt und lenkt ihn mittels Kopf rückwärts hindurch. Bald reicht die Handbewegung, die anschließend noch durch ein anderes Signal ersetzt wird.

Mit dem Klicker:

Läuft auf Mensch zu - steckt Kopf zwischen die Beine - läuft durch die Beine.

»Zick-Zack«

Der Slalom durch die Beine erlaubt viele Kombinationen, wenn man sowohl das Laufen durch das linke vorgestellte Bein als auch durch das rechte vorgestellte Bein unter Signalkontrolle bringt. Lernt der Hund beispielsweise auf »Zick« von rechts durch das linke vorgestellte Bein zu laufen, so kann man verschieden fortfahren. Nur auf das Signal »Zack« setzt er den Slalom fort.

Eine weitere Variation ist es, wenn man dem Hund beibringt, rückwärts einen Slalom durch die Beine zu absolvieren.

Zick-Zack

Wie übt man das?

Slalom durch die Beine kann am leichtesten durch Locken erzielt werden. Während man vorwärts geht, wird der Hund durch die Beine gelotst und belohnt. Bald ist die Hand ohne Futter und der Hund erhält seine Belohnung erst nach einigen und dann immer mehr Schritten. Die gesprochenen Signalwörter ersetzen so nach und nach die Handbewegung.

Zum Rückwärtsslalom nutzt man ebenfalls wieder Futter. Der Hund wird mittels Kopf gelenkt. Die Signalwörter müssen hier am Ende andere sein.

Mit dem Klicker:

Läuft auf Mensch zu - steckt Kopf zwischen die Beine - läuft durch die Beine - dreht sich nach dem Durchlaufen um - läuft wieder durch die Beine.

Acht

Sehr nah an der Ausführung des Slaloms durch die Beine ist die Acht durch die Beine. Auch diese kann man dem Hund im Rückwärtslauf beibringen und so mit kurzen Würfen bzw. Hebern arbeiten.

Wie übt man das?

Man übt die Acht genauso wie den Slalom, nur dass der Mensch auf der Stelle stehen bleibt.

Wie übt man das?

Siehe Zick-Zack.

Rolle

Die Rolle ist ein sehr beliebtes Verhalten von Hunden, welches leicht erlernbar ist. Hier kann man die beiden verschiedenen Richtungen einüben. Es ist auch möglich, gleichzeitig mit dem Hund eine Rolle zu machen. Hierbei sollte man auf möglichst viel Zusammenspiel achten.

Wie übt man das?

Um die Rolle zu lernen ist es sinnvoll, dem Hund bereits das Verhalten Hinlegen beigebracht zu haben. Der Hund wird abgelegt und dann mittels Futterstück gelockt. Man führt die Hand von der Hundeschnauze aus über die Schulter, so dass der Hund mit dem Kopf folgt. Manche Hunde mögen das Über-den-Rücken-Rollen nicht besonders. Mag es der Hund trotz intensiven Belohnens in den Zwischenschritten nicht, sollte man von diesem Trick absehen. Die Handbewegung kann leicht zum Signal werden. Eine rollende Handbewegung nach links ist dann die Rolle über die rechte Schulter, die Rolle in die andere Richtung bekommt die entgegengesetzte Handbewegung oder mit der anderen Hand.

Mit dem Klicker:

Setzt sich - legt sich hin - schaut zur Seite - rollt sich auf Seite - rollt sich auf Rücken - rollt ganz herum.

Verbeugung

Für die Zuschauer ist es ein zusätzliches Plus, wenn der Hund eine Verbeugung beherrscht. Sie ist leicht zu erlernen und kann am Ende einer Kür eingesetzt werden - das ist dann ein angemessener Abgang.

Verbeugung

Wie übt man das?

Man lockt den Hund mittels Futterstück mit der Nase Richtung Boden. Man kann das Verhalten auch belohnen, wenn der Hund es mit ziemlicher Wahrscheinlichkeit von selbst ausführt, wie morgens nach dem Schlafen. Jeder Hund streckt sich irgendwann.

Mit dem Klicker:

Bewegt die Pfote - bewegt die andere Pfote - streckt sich nach vorn - macht eine Pfote lang - streckt beide Pfoten nach vorn.

Pfote heben

Hat der Hund gelernt, auf ein Signal hin die rechte oder linke Pfote zu heben, kann man dies sehr schön in die Show einbauen. Der Hund kann mit diesen nämlich nicht nur auf Füße oder Beine tippen, sondern beispielsweise auch auf eine Flugscheibe.

Wie übt man das?

In der Hand wird ein kleines Futterstück versteckt. Die Hand bleibt geschlossen und wird dem Hund vor die Nase gehalten. Der Hund versucht nun das Stück zu erreichen - erfolglos, die Hand bleibt geschlossen. Setzt er die Pfote ein, indem er an der Hand kratzt, öffnet sich diese. Bald riecht die Hand nur noch nach Futter, bis das Hand hinhalten als Signal für Pfote geben gilt.

Mit dem Klicker:

Bewegung der Pfote - Heben der Pfote.

Männchen machen

Viele Hunde fangen Scheiben auch problemlos, wenn sie Männchen machen. Die Scheiben werden einfach mittels eines Hebers geworfen.

Wie übt man das?

Der Hund wird mittels Futterstück und Locken dazu gebracht, die aufrechte Haltung einzunehmen. Diese Bewegung der Hand kann nach Ausschleichen des Futterstücks auch das Signal zum Männchen machen werden.

Mit dem Klicker:

Hebt eine Pfote - hebt die andere Pfote - hebt beide Pfoten.

Männchen machen

Rückwärts laufen

Der Hund soll auf ein Signal hin in gerader Linie rückwärts laufen. Dieses kann man leicht mit anderen Elementen kombinieren oder eine Scheibe werfen. Dabei darf man niemals frontal in den Hundefang werfen, sondern immer leicht versetzt. Für den Hund ist die Scheibe so leichter zu lesen und sie knallt ihm nicht ins Maul.

Wie übt man das?

Man hält ein Futterstück in der Hand vor den Bauch - bei kleineren Hunden natürlich entsprechend tiefer - und geht auf den Hund zu. Dieser beginnt nach hinten zu gehen und wird dafür belohnt. Nach einiger Zeit wird er beginnen nach hinten zu gehen, wenn man nur auf ihn zugeht. Nun wird die Bewegung des Menschen immer geringer, bis vielleicht nur noch eine Fußbewegung als Signal übrig bleibt.

Nun beginnt man an der Entfernung zu arbeiten. Ging der Hund bisher nur einige Schritte, so wird er jetzt für jeden Schritt mehr besonders belohnt.

Mit dem Klicker:

Hebt eine Pfote - setzt eine Pfote nach hinten - macht zwei Schritte nach hinten - macht drei Schritte nach hinten ...

Drehung

Der Hund dreht sich um seine eigene Achse - einmal links herum, einmal rechts herum. Bringt man beides unter Signalkontrolle, ist es leicht einsetzbar.

Wie übt man das?

Auch hier übt man am leichtesten durch Futterlocken. Der Hund wird mittels eines Futterstücks mit dem Kopf um die eigene Achse gelockt. Diese Handbewegung kann in abgeschwächter Form nach dem Weglassen des Futterstücks in der Hand als Signal dienen.

Drehung

Mit dem Klicker:
Blick zur Seite - Blick nach hinten - setzen einer Pfote - Bewegung des Vorderkörpers - Drehung nach hinten.

Schleichen
Der Hund soll auf ein Signal hin eine schleichende Körperhaltung einnehmen und sich vorwärtsbewegen wie bei der Jagd. Bei Border Collies kann man dies beispielsweise aus dem Hüteverhalten heraus formen.

Schleichen

Wie übt man das?
Dieses Verhalten erzielt man am leichtesten im Spiel. Beim Nachjagen und Verfolgen erscheint immer wieder die Sequenz anschleichen. Bestätigt man das Verhalten durch Fortgang des Spiels oder eine andere Belohnung, wird der Hund es zukünftig häufiger zeigen. Nun muss man es noch unter Signalkontrolle bringen.

Mit dem Klicker:
Gehen - Schleichen.

Kriechen
Das Kriechen ist sozusagen eine Etage tiefer als das Schleichen. Hier soll der Hund mit dem Bauch auf den Boden vorwärtsrobben. Da dies für den Hund anstrengend ist, sollte die zu kriechende Strecke nicht zu lang sein.

Wie übt man das?
Der Hund wird unter dem Bein hindurchgelockt. Hier muss er ganz automatisch kriechen. Das Bein wird mit zunehmender Trainingsdauer immer höher genommen, wobei darauf geachtet

werden muss, dass der Hund tatsächlich mit dem Bauch auf dem Boden kriecht. Bald steht der Mensch nur noch neben seinem Hund und lockt ihn vorwärts. Auch hier wird das Lockmittel langsam ausgeschlichen.

Mit dem Klicker:
Hinsetzen - Hinlegen - Bewegung der Pfoten - Bewegung nach vorn.

Elemente über den Körper
Es ist für den Anfang der Körperübersprünge sehr ratsam, den Hund das Sitzenbleiben gelehrt zu haben, weil er gerade bei den Sprüngen über den Menschen nicht zu viel Schwung haben sollte und sich so besser konzentrieren kann. Die Sprünge sind so gerade für einen Anfängerhund besser zu kontrollieren.

Das platzierte Werfen der Scheibe sollte unbedingt mit einer zweiten Person geübt werden, die mit ihren Händen den Hundefang simuliert.

Auf diese Weise kann man das korrekte Werfen in ungewohnten Körperhaltungen üben, ohne die Gesundheit des Hundes in Gefahr zu bringen.

Sprung über das Bein (einfach)
Der Sprung über das Bein ist der einfachste Körperübersprung und nachstehend ausführlich beschrieben. Man kann ihn in verschiedenen Richtungen ausführen. Der Hund kann aus einem anderen Element heraus nah am Körper über das Bein springen oder mit längerem Anlauf. Das Bein kann nach vorn, seitlich oder nach hinten ausgestreckt werden. Die Scheibe wird hier mittels eines Hebers gefangen. Zu Beginn ist sicherlich das Nehmen aus der Hand sinnvoll.

Wie übe ich das?
Den einfachen Sprung über das Bein provoziert man am leichtesten durch Locken über das niedrig gehaltene Bein. Am Anfang reicht es, wenn der Hund lediglich darüber steigen muss. Springt der Hund irgendwann hinüber, wird er besonders belohnt. Tut er dies zuverlässig, wird das Lockmittel abgebaut und die Belohnung erfolgt zunehmend sporadisch. Natürlich darf man jetzt nicht vergessen, das zukünftige Signal zu nennen bzw. zu zeigen.

Mit dem Klicker:
Nähert sich - nähert sich Bein - berührt Bein - legt Pfote(n) auf Bein - steigt darüber - springt darüber.

Sprung über das Bein

Während man beim einfachen Sprung über das Bein dem Hund leicht eine Scheibe werfen kann, ist dieser Sprung ein Element, bei dem der Hund die Scheibe nach dem Springen fängt. Man kann die Scheibe beispielsweise, während man sich hinunterbeugt, mittels der Vorhand werfen. Dies erfordert ein wenig Übung und sollte wie immer erst einmal ohne den Vierbeiner trainiert werden.

Sprung über das Bein

Wie übt man das?

Man sucht sich eine Wand oder eine zweite Person, die die Begrenzung darstellt. Man hockt sich auf den Boden und streckt das Bein nach hinten. Der Hund wird animiert, darüber zu hüpfen. Beherrscht der Hund dies, entfernt man sich langsam von der Wand bzw. die zweite Person geht immer einen Schritt weiter weg. Absolviert der Hund jetzt einen sauberen Sprung, kann man das Bein langsam höher nehmen, wobei es höchstens nur so hoch sein darf, dass der Hund leicht hinüberspringen kann. Die Scheibe kommt erst später ins Spiel - sie wird vom Menschen geworfen, nachdem der Hund über das Bein gesprungen ist.

Mit dem Klicker:

Läuft auf Mensch zu - bewegt sich Richtung Bein - setzt eine Pfote darauf - steigt über Bein - springt über Bein.

Sprung über den Arm

Um den Hund über den Arm springen zu lassen, muss man sich natürlich hinunterbeugen beziehungsweise hinhocken. Der Hund kann hier auch lernen, hintereinander über beide ausgestreckte Arme zu springen oder nur von einer bestimmten Seite zu springen. Man kann auch einen oder beide Arme frontal nach vorn strecken. Als Wurftechniken eignen sich hier die Roller, ein Heber und zum Üben das Nehmen aus der Hand.

*Sprung über
die Arme*

Wie übt man das?
Auch hier sollte man sich eine Begrenzung suchen, damit von Anfang an vermieden wird, dass der Hund vorbei springt. Die Übung verläuft wie beim Sprung über das Bein.

Mit dem Klicker:
Analog zu Sprung über das Bein.

Sprung über den Körper (frontal)
Hunde ab einer gewissen Größe können auch einen kompletten Mensch überspringen, wenn sich dieser angemessen klein macht. Streckt man dabei beide Arme seitlich vom Körper weg, sieht das sehr spektakulär aus. Dieser Trick erfordert ein wenig mehr Übung vom Werfer, weil die Scheibe geworfen werden muss bevor man sich hinunterbeugt. Man lässt die Scheibe mit beiden Händen oder mittels eines Hebers senkrecht nach oben fliegen. Hier sollte beim Training ohne Hund unbedingt eine zweite Person zuschauen, da man ja selbst nicht sehen kann wie gut die Scheibe platziert ist. Der Hund muss sie ohne »Verrenkungen« leicht während des Sprungs fangen können, damit er beispielsweise nicht auf den Rücken des Menschen knallt.

Wie übt man das?
Hier benötigt man eine zweite Person, die mit dem Hund vertraut ist. Man hockt sich zunächst möglichst klein auf den Boden und streckt die Arme aus. Der Hund wird von der zweiten Person über den Menschen gelockt. Auch hier ist es leichter, wenn die Seiten »begrenzt« sind. Auf der einen Seite kann dies der Helfer gewährleisten, die andere Seite kann von einer Wand eingeschränkt sein. Springt der Hund sicher und zuverlässig, übt man zunächst den

Übersprung in der später gewünschten Höhe, der Mensch richtet sich also zunehmend ein wenig mehr auf bis er in der richtigen Höhe hockt. Anschließend wird die Scheibe durch die zweite Person an die Stelle gehalten, wo sie später fliegen soll, wenn der Hund im Sprung ist. Dies wird dann durch den Wurf vom Menschen abgelöst.

Sprung über den Rücken

Mit dem Klicker:
Läuft auf Mensch zu - berührt Mensch - setzt Pfote(n) auf diesen - steigt darüber - springt darüber.

Sprung über den Körper (seitlich) / über den Bauch
Was von vorn geht, kann man natürlich auch von der Seite ausführen. Auch hier muss man darauf achten, dass man sich genügend klein macht, damit der Hund nicht unangemessen hoch springen muss. Hier nutzt man die gleichen Wurftechniken wie bei dem vorherigen Sprung. Achtung: Auch hier muss unbedingt vorher die Flugbahn kontrolliert geübt werden.

Ein Sprung über den Körper ist auch über den Oberkörper des Menschen möglich - mit der Bauchseite nach oben.

Wie übt man das?
Analog zu Sprung über den Körper.

Mit dem Klicker:
Analog zu Sprung über den Körper.

Sprung über den liegenden Menschen
Wenn man sich auf den Boden legt, ergibt das ein Hindernis, dass sowohl junge als auch kleine Hunde leicht überspringen können. Die Scheibe sollte hier mit beiden Händen fast senkrecht über dem Körper nach oben geworfen werden. Wenn sie ein wenig in die Richtung der Sprungbahn des Hundes fliegt, wird es für ihn leichter, sie zu fangen.

Wie übt man das?
Der Hund wird über den Menschen gelockt. Springt er dabei, wird er tüchtig gelobt. Beherrscht er das Springen, kommt die Scheibe hinzu, die zunächst von einer zweiten Person gehalten wird.

Mit dem Klicker:
Nähert sich Mensch - berührt ihn - setzt Pfote(n) darauf - steigt hinüber - springt darüber.

Sprung durch die Arme

Um den Hund durch die Arme springen zu lassen, kann man eine Scheibe nutzen, um den Ring größer werden zu lassen. Während des Sprunges selbst ist es nicht möglich, eine Scheibe zu werfen. Dies ist also ein Element, um die Show aufzuwerten.

Wie übt man das?
Es ist bei diesem Trick einfacher, wenn man eine weitere Person um Hilfe bitten kann. Der Hund wird durch den Ring aus Armen gelockt, während dieser möglichst nah am Boden gehalten wird. Der Hund steigt zunächst also nur hindurch. Wenn der Hund dies zuverlässig beherrscht, werden die Arme jedesmal ein Stück höher genommen und das Locken anschließend abgebaut.

Sprung durch die Arme

Mit dem Klicker:
Nähert sich den Armen - berührt diese - steigt hindurch - springt hindurch. Bei dieser Übung ist es auch beim Klickertraining sinnvoll, eine zweite Person zur Hilfe zu haben. Man kann den Klicker schlecht halten und verpasst somit vielleicht ein Verhalten.

Sprung durch Arm und Bein

Es ist auch möglich, einen Ring aus einem Arm und einem Bein zu bilden. Bei größeren Hunden kann der Ring durch eine weitere Scheibe vergrößert werden. Der Hund nimmt die Scheibe kurz nach dem Durchspringen des Reifens aus der noch freien Hand.

Sprung durch Arm und Bein

Wie übt man das?
Analog zu Sprung durch die Arme.

Mit dem Klicker:
Analog zu Sprung durch die Arme.

Sprung durch die Beine
Dazu legt man sich auf den Rücken und spreizt die Beine v-förmig nach oben. Durch diese springt der Hund, während er die Scheibe fängt. Die Scheibe wird mit beiden Händen senkrecht nach oben geworfen. Beim Üben muss man darauf achten, dass man zunächst den Kopf wegdreht, denn nicht jeder Hund kann sofort die Entfernung richtig einschätzen und könnte sonst mit den Pfoten das Gesicht streifen.

Wie übt man das?
Zu Beginn ist es sinnvoll, sich ein wenig schräg zu legen, damit der Hund nicht auf den Bauch des Menschen springen muss. Auf diese Weise wird er durch die v-förmigen Beine gelockt. Dies geschieht am leichtesten durch eine zweite Person. Der Hund benötigt zum Springen ein wenig Anlauf - er kann also nicht direkt vor dem Menschen abgesetzt werden. Springt der Hund

durch die Beine, hält die zweite Person die Scheibe zunächst an die richtige Stelle. Wenn der Hund diese zuverlässig nimmt, beginnt man die Scheibe präzise zu werfen.

Mit dem Klicker:
Nähert sich - berührt die Beine mit den Pfoten - steigt darüber - springt darüber.

Sprung durch die Beine

Weitere Elemente

Sprung auf den Rücken

Der Hund springt auf den Rücken des Menschen und wartet dort. Der Hund kann während des Absprungs die Scheibe aus der Hand nehmen oder einen Heber fangen. Für den Anfang ist sicher das Nehmen aus der Hand sinnvoll, da das gut platzierte Werfen der Scheibe zunächst geübt werden muss.

Wie übt man das?
Dieses Element muss unbedingt mit einer zweiten Person geübt werden, die den Hund auf den Rücken lockt. Dazu hockt man sich zunächst mit möglichst geradem Rücken hin. Für das Stehen auf

dem Rücken wird der Hund ausgiebig belohnt. Dies erfordert ein wenig Übung, da sich der Hund an die leichten Bewegungen des Menschen zunächst gewöhnen muss. Nach der Gewöhnung stehen die meisten Hunde allerdings sehr sicher. Springt der Hund nun auf den Rücken und bleibt dort, so erhält er die Belohnung jetzt von demjenigen, auf dem er steht. Nicht zu vergessen ist, dass man dem Hund sofort ein Signal zum Herunterspringen beibringt, damit dieser nicht selbst darüber entscheidet. Auch für dessen Ausführung muss er natürlich belohnt werden. In der Hand, mit der der Hund das Futter erhält, ist bald eine Scheibe, die dem Hund so gehalten wird, dass er sie leicht beim Absprung nehmen kann. Hier sollte ebenfalls eine Person zuschauen, damit die Disc an die optimale Stelle gehalten wird.

Sprung auf den Rücken

Mit dem Klicker:
Nähert sich - berührt mit Pfote(n) - legt Pfote(n) auf Rücken - steigt auf - springt auf - bleibt stehen.

Sprung in die Arme
Es ist ein beliebter Abschluss bei einer Aufführung: Der Hund springt in die Arme, wobei man ein Bein zum Abstützen leicht nach vorn stellt. Die Scheibe wird dabei vom Hund aus der Hand genommen.

Wie übt man das?
Diesen Trick beginnt man im Sitzen. Der Hund lernt zunächst mittels Locken auf den Schoß des Menschen zu klettern, anschließend zu springen und dort sitzen zu bleiben. Jetzt erhöht man langsam die Sitzposition des Menschen, so dass dieser immer aufrechter sitzt. Dabei wird allerdings immer ein Bein zum Abstützen vorgestellt, damit der Hund eine Fläche hat, die ihm Halt gibt. Später kann man dem Hund eine Scheibe hinhalten. Diese Körperhaltung kann dann auch das Signal zum in die Arme springen werden.

Sprung in die Arme

Mit dem Klicker:
Nähert sich - hebt Pfote(n) - macht Männchen an Mensch - springt an Mensch hoch - springt in die Arme.

Nehmen der Scheibe aus dem Mund
Der Hund holt sich die Scheibe aus dem Mund des Menschen. Die Scheibe wird dabei seitenverkehrt mit dem Mund gehalten und frühzeitig losgelassen, damit es nicht zu Verletzungen kommt.

Wie übt man das?
Dieses Verhalten ist bereits bei »Nimm« erklärt.

Mit dem Klicker:
Nähert sich Scheibe in Mund - berührt Scheibe - nimmt Scheibe.

Würfe

Gedrehte Scheibe fangen

Hierbei handelt es sich eigentlich um eine weitere Wurftechnik. Die Scheibe wird dem Hund nicht zugeworfen, sondern sie dreht sich um die eigene Achse. Dabei sollte sie nicht in gerader Linie auf den Hundefang zufliegen, sondern einen leichten Bogen beschreiben. Sie kann mit beiden Händen »geworfen« werden oder mit der einen gehalten und der anderen angestoßen werden. Wichtig ist es, dass sich die Scheibe immer mit der Oberkante vom Menschen wegbewegt, so ist sie für den Hund leichter zu fangen. Besonders für Anfänger ist dies ein fifty-fifty Trick - entweder es funktioniert oder nicht. Viele Hunde benutzen zu Beginn auch die Vorderpfoten zum Fangen. Diese Art, dem Hund die Scheibe zuzuspielen erlaubt viele Variationen am Körper des Menschen.

Gedrehte Scheibe

Im Kreis fangen

Der Hund läuft in einem mehr oder weniger großen Kreis um den Menschen, während ihm mittels einer oder verschiedener Wurftechniken die Scheiben zugeworfen werden.

Hierbei muss man daran denken, dass der Hund sich vorwärts bewegt und die Scheiben unbedingt in Laufrichtung geworfen werden müssen.

Kurze Würfe

Der Hund fängt nah am Körper des Menschen schnell und kurz geworfene Scheiben. Am Anfang benutzt man lediglich zwei Scheiben, später bis zu sieben. Beginnt man das Training in der Hocke, damit es für den Hund leichter ist, die doch sehr kurze Flugbahn der Scheibe zu sehen, so kann man später auch stehend werfen. Es ist bei dieser Sequenz sehr wichtig, nicht direkt auf den Fang des Hundes zu werfen, sondern immer leicht versetzt zum Hundekopf, damit es nicht zu Verletzungen kommt.

Werfen im Kreis

Im Zick-Zack fangen

Der Hund läuft von einem etwa 20 Meter entfernten Punkt los und bekommt die Scheiben im Zick-Zack zugeworfen. Auf diese Art wirft man ihm die Scheibe nicht direkt frontal zu. Die Schwierigkeit für den Hund ist es, auf die Scheibe zuzulaufen und diese zu fangen. Als Wurftechniken eigenen sich alle sicher geübten.

Mehrfachwürfe

Hat man beim Üben einen solchen Stand erreicht, dass man mit vielen Scheiben spielen kann, so ist es möglich, eine Abfolge mit bis zu sieben Scheiben zu spielen. Der Hund wird in dieser nicht angehalten, sondern bekommt sofort wieder eine Scheibe in Laufrichtung geworfen. Der Mensch wendet hierbei möglichst verschiedene Wurftechniken an. Der Hund führt hier keine körpernahen Tricks aus.

Fangen im Zick-Zack

Die Musik

Über die ausgewählte Musik sollte man sich schon ein paar Gedanken machen, schließlich soll sie nicht nur im Hintergrund mitlaufen. Es ist immer sinnvoll, sich für ein Stück zu entscheiden, das den eigenen Geschmack trifft. Beim Training muss man nämlich eben dieses einige Male hören und wenn dann der Mensch die Stimmung verliert, wie soll es dann beim Hund aussehen?

Die nächste Überlegung ist die Harmonie mit den Bewegungen des Hundes.

Bei einem großen, behäbigen Hund ist es sicher nicht sehr beeindruckend, wenn man ein rasantes Lied auswählt.

Bei einem sehr rasanten Exemplar kann allerdings ein ebenso rasantes Stück auch unausgeglichen wirken. Die Entscheidung fällt meist leichter, wenn man seine Freunde befragt - diese wissen meist, wie Hund und Mensch zusammen aussehen und was passen könnte.

Damit man möglichst viele Variationen und Tricks einbringen kann, sollte die Musik zur Show ruhig einige Tempowechsel enthalten. In den ruhigen Abschnitten kann man beispielsweise weniger spektakuläre und ruhige Elemente einbauen. In langgezogenen flotten Passagen kann man weite Würfe einbauen.

Mit der heutigen Technik ist es auch möglich, sich die Musik passend auf den Hund zu schneiden. Dabei kann man ein Lied zerstückeln und neu hintereinander bauen oder auch verschiedene Lieder verarbeiten. Da die Vorstellung nur zwei Minuten dauert, sollten dies aber nicht zu viele sein, weil sonst alles sehr gehetzt wirkt.

Es gibt Lieder, die mit einem Intro beginnen. Da es freigestellt ist, wann man die erste Scheibe wirft und somit die Zeituhr anfängt zu laufen, kann man dieses mit Elementen füllen, die zum Beispiel aus dem Dogdancing stammen.

Die Vorführung könnte also theoretisch endlos in die Länge gezogen werden. Dass dies nicht zu empfehlen ist, leuchtet schnell ein. Gerade bei einem Wettkampf kann dies die gegenteilige Wirkung haben und zu weniger Punkten führen. Wenn dieser Teil nicht länger als fünfzehn Sekunden ist, kann er eine Bereicherung sein.

Damit man aber überhaupt erst einmal weiß, wo man welche Tricks macht, muss man sich eine Kür überlegen. Das ausgewählte Stück wird also zunächst einige Male angehört bis man weiß, wann welche Passage kommt. Nun macht man sich eine Tabelle, die sich beispielsweise an der Zeit orientiert:

Zeit des Liedes	*Songtext*	*Trick*
0:00	-	Durch
0:05	No one knows ...	Spring

Der Songtext ist sehr nützlich, wenn man später einmal aus dem Konzept gerät und schnell wieder den Einstieg finden möchte. Nicht zu vergessen sind die Zeiten zum Aufsammeln der Scheiben. Wie auch immer man diese wieder in die Hand bekommt, es kostet auf jeden Fall Zeit.

Es ist auch möglich, die Liste in Sequenzen zu unterteilen. Der Anfang jeder Sequenz ist dann eine bestimmte prägnante Stelle im Lied. Diese Stelle kann man so auch als Puffer nutzen. Dauert beispielsweise ein Trick länger als üblich und das Programm muss gekürzt werden, so lässt man einfach genügend Elemente vor dem Puffer weg und setzt dort seine Kür in jedem Fall wie geplant fort.

Doch bevor überhaupt an eine komplette Kür gespielt werden kann, muss man zunächst überprüfen, ob das zu Papier gebrachte überhaupt der Realität entspricht. Meist benötigt der Hund nämlich viel mehr Zeit, als sein Mensch vermutet.

Das komplette Stück oder die einzelnen Sequenzen werden jetzt der Probe mit dem Hund unterzogen. Schnell stellt sich heraus, dass Korrekturen nötig sind.

Ein Tipp für Besitzer schlauer Hunde: Manchmal ist es ungünstig die komplette Kür immer wieder mit dem Hund zu üben, weil dieser bald den Ablauf kennt und deshalb beginnt, einzelne Teile vorweg zu nehmen. Damit es dazu nicht kommt, übt man die tatsächliche Abfolge möglichst selten und lässt »schusseln« nicht durchgehen.

Es gibt auch Spieler, die nicht mittels eines solchen kompletten Programms spielen. Während der Vorführung entscheidet man immer spontan, welche Sequenz man ausführt. Dies wird vom Anlaufwinkel bzw. Aufenthaltsort des Hundes und der Anzahl der gerade zur Verfügung stehenden Scheiben abhängig gemacht. Bei dieser Technik muss der Spieler über ein schnell und leicht abrufbares Repertoire an Tricks verfügen.

Eine weitere Hilfe, die manchen Spielern hilft das Gedächtnis zu unterstützen, ist das Notieren des Ablaufs oder einzelner Tricks mit wasserfestem Stift auf der Hand oder den Scheiben ...

Der große Tag - Auf zum Wettkampf

Im Auto

Für den Hund sollte die Aufregung möglichst wenig zu spüren sein, damit er möglichst wenig gestresst wird. Aus diesem Grund sollte alles möglichst so ablaufen wie immer.

Unter anderem bekommt er beispielsweise im Auto den gleichen Platz wie jeher. Da die Fahrt häufig länger dauert, sollte der Hund sich an diesem bequem wenden, hinstellen und legen können. Andererseits darf er nicht so groß sein, dass der Hund ständig hin und her läuft, spielt oder ununterbrochen aus dem Fenster starrt. Dies erreicht man durch Verkleiden der Fensterscheiben.

Gut bewährt hat sich auch eine flugzeugtaugliche Hundebox in angemessener Größe, die im Auto befestigt werden sollte, damit sie nicht in jeder Kurve von links nach rechts rutscht oder sogar gefährlich für die Fahrzeuginsassen werden kann. So kann man den Hund am Herausschauen hindern, ihm einen sicheren Ort bieten und bei schlechtem Wetter ein sauberes Auto behalten. Die Box kann auch gut am Wettkampfgelände eingesetzt werden.

Da der Hund im Auto möglichst schlafen, aber wenigstens ruhen sollte, dürfen Pausen während der Fahrt nicht fehlen. Im Sommer muss man wegen der Hitze sicher häufiger Halt machen, auch wenn das Auto klimatisiert ist.

Kann man dem Hund nicht über die ganze Fahrt Wasser anbieten, so dienen die Stopps natürlich auch zum Trinkenlassen. Spätestens alle zwei Stunden eine Pause mit einer kleinen Runde zum Austreten tut sicher nicht nur dem Hund gut. Bei einer Fahrt, die länger als vier Stunden dauert, sollte eine größere Gassirunde drin sein.

Die Packliste

Alle Hunde, die mitfahren - auch die Besucherhunde - müssen eine gültige Tollwutimpfung haben. Um dies nachzuweisen, muss man für alle Hunde die Impfpässe mitführen. Häufig werden noch andere Impfungen wie beispielsweise die gegen Staupe verlangt. Der Veranstalter ist für die Einhaltung dieser Vorschrift verantwortlich und darf keine Ausnahmen machen!

Für den Fall, dass der Hund einmal angebunden werden muss und man ja nicht weiß, ob gerade ein Baum oder ähnlich stabiles vorhanden ist, kann man einen Erdanker mitnehmen, den man einfach in die Erde drehen kann. Noch praktischer ist eine Box, die man überall hinstellen kann, ohne dass der Hund von anderen Hunden oder anwesenden Menschen belästigt werden kann.

Falls die Sonne scheint, bitte auch an einen Sonnenschutz (z.B. Strandmuschel, kleiner Sonnenschirm) denken!

Dem Hund sollte immer frisches Wasser zum Trinken zur Verfügung stehen. Mittlerweile gibt es praktische Sets, bei denen sogar schon die Flasche mit dabei ist.

Da auf dem Wettkampfgelände meist viele Hunde unterwegs sind, muss man unbedingt die Hinterlassenschaften des Hundes beseitigen - Beutel dafür nicht vergessen! Hier reichen normale kleine Müllbeutel, die man sich über die Hand stülpt und so die Hinterlassenschaft aufheben, eintüten und zuknoten kann.

Für kleinere Verletzungen ist es praktisch, wenn man ein Erste-Hilfe-Set und Rescue Remedy ™ (Bachblüten ™ Notfalltropfen) zur Verfügung hat.

Bei so genannten Listenhunden und auch den ganz »normalen« Hunden muss man sich vorher informieren, wie die Regelungen in diesem Bundesland bzw. Land sind, denn eventuell muss der Maulkorb mit ins Gepäck oder der Hund darf womöglich gar nicht ohne Leine laufen. Ist das Wettkampfgelände dann nicht oder zu niedrig eingezäunt, kann die Fahrt schnell umsonst gewesen sein.

Für den Fall, dass es regnet, nimmt man ein Handtuch mit, damit der Hund nach dem DiscDoggen trockengerubbelt werden kann. Gerade nach sportlicher Betätigung kann er sich sonst schnell eine Erkältung einfangen. Deshalb sollte auch die Decke zum Liegen möglichst die Nässe vom Körper wegleiten - Baumwolle ist hier also ungeeignet.

Startet man beim Freestyle, muss man auch an die Musik denken. Dazu bringt man eine CD mit, die deutlich mit dem eigenen Namen, dem des Hundes und der Nummer des zu spielenden Liedes gekennzeichnet ist.

Und sonst noch: Unterlage, Futter, Leine, Halsband/Geschirr und natürlich die Scheiben!

Impfpass	***Handtuch***
Erdanker oder Box	***Unterlage***
Sonnenschutz	***Futter***
Wasser	***Scheiben***
Erste-Hilfe-Set mit Rescue Remedy	***Musik***

Die Übernachtung

Wenn man zu einem Wettkampf fährt, gibt es zwei Möglichkeiten: Übernachtung oder Anreise am Wettkampftag. Bei einer längeren Anfahrtszeit ist es sicher sinnvoll einen Tag früher anzureisen, damit sich Hund und Mensch noch eine Nacht ausruhen und somit ein wenig akklimatisieren können.

Im Sommer macht es sehr viel Spaß, zusammen mit anderen DiscDoggern zu campen. Manche reisen dazu mit dem Camper, andere nur mit dem Zelt an. Der Hund muss also zusammen mit seinem Mensch an einem ungewohnten Ort schlafen.

Sitzt man mit den anderen Sportlern abends noch am Grill oder Lagerfeuer, sollte man sorgfältig abwägen, wo der Hund sich in dieser Zeit aufhalten soll. Der eigene Hund hat zu diesem Zeitpunkt meist eine lange Autofahrt hinter sich, konnte nicht so viel schlafen wie üblich und muss sich jetzt ständig mit fremden Artgenossen auseinandersetzen. Es ist auf jeden Fall nicht sinnvoll, den Vierbeiner einfach solange herumlaufen zu lassen wie er möchte. Da verhalten sich Hunde häufig wie Kinder - sie kennen kein Ende, obwohl sie schon zum Umfallen müde sind. In solchen Situationen kommt es dann schnell mal zu einer Rauferei, die hätten vermieden werden können.

Besser ist es da, den Hund auf seiner gewohnten Decke in den Wohnwagen oder das Zelt zu stecken. Er hat ja noch einen aufregenden Tag vor sich und braucht die Ruhe.

Besonders Zelte sollte besser nicht an Wegen stehen, die häufig von den Anwesenden benutzt werden, wie etwa zur Toilette oder zum Ausgang.

Ruhiger ist es in einem Hotel, da laufen die fremden Menschen und Hunde höchstens einmal über den Flur und gemauerte Wände bieten definitiv mehr Ruhe als eine dünne Zeltwand.

Auf dem Wettkampfgelände

Es gibt einige Verhaltensregeln, die man immer einhalten sollte, wenn man sich bei einer Veranstaltung mit Hunden aufhält. Die erste und wichtigste ist, den Hund an der Leine zu führen. Der eigene Hund macht da vielleicht gar keine Probleme und bleibt vorbildlich an der eigenen Seite, aber für die Halter von problematischen Hunden ist es sehr wichtig, dass fremde Hunde offensichtlich gesichert sind. Auch für die Besucher ist es angenehmer die Hunde »befestigt« zu sehen, denn nicht jeder ist Hundebesitzer und hat vielleicht ein wenig Angst - dies trifft häufig auf Kinder zu. Außerdem könnten sich andere Besitzer animiert fühlen ihren Hund abzuleinen, obwohl dieser nicht bei Herrchen oder Frauchen bleibt und zu Artgenossen läuft.

Der Hund darf keine fremden Menschen anspringen oder diese ständig anbellen. Ebenso lästig wie nervenaufreibend (für Mensch und Hund) ist Dauerbellen ohne ersichtlichen Grund. Dies macht nicht nur den Menschen nervös, sondern putscht auch den Hund immer weiter hoch.

Auch angeleinte Hunde sollten untereinander nicht ohne Einverständnis des jeweiligen Besitzers Kontakt aufnehmen. Dazu muss vorher immer eine Absprache getroffen werden. Gerade unter den Bedingungen eines Wettkampfgeländes passiert es schnell einmal, dass der eigene Hund ungewohnt reagiert. Bei Begegnungen muss man also immer darauf achten, was der Vierbeiner gerade tut oder noch besser plant zu tun. Nicht jeder Hund findet alle seine Artgenossen toll.

Hunde, die unter ansteckenden Krankheiten leiden, dürfen natürlich nicht mitgebracht werden. Auch bei anderen Verletzungen sollte man den Besuch gut überdenken, weil ein solcher Stress den Heilungsprozess eventuell verlangsamen kann.

Auch im Kontakt mit Menschen muss man sich einige Gedanken machen. Viele Hunde sind beispielsweise wenig davon begeistert, von jedem vorbeikommenden Besucher liebevoll auf dem Kopf getäschelt zu werden. Dem Hund zuliebe kann man Anwesende dann auch ruhig bitten, von dieser Geste abzusehen. Der Hund sollte dem auch nicht ausgesetzt werden, indem er an einer Stelle angebunden wird, wo viele Besucher geradezu dazu animiert werden. Fühlt sich der Hund tatsächlich so bedroht, dass er zubeißt, hat dies immer schlechte Folgen - nicht nur für den Gebissenen.

Aber diesen Stress kann man dem Hund leicht ersparen, indem man sich eine geschützte Stelle sucht, wo der Hund kurz bleiben kann oder man den Hund im Auto lässt, wenn das Wetter es zulässt.

Es ist toll, einen solchen Tag mit »Kind und Kegel« zu verbringen, schließlich gibt es ja auch viel zu sehen. Kinder benötigen in diesem Fall eine weitere Aufsichtsperson, schließlich muss man sich häufig genug um den eigenen Hund kümmern und kann seine Augen nicht überall haben.

Läufige Hündinnen sollten nicht auf das Wettkampfgelände gebracht werden - Regelungen, die trotzdem eine Teilnahme ermöglichen, müssen mit den Wettkampfleitern besprochen werden.

Entspannung auf der ganzen Linie ...

Für alle, die den Besuch eines Turniers so stresslos wie möglich planen wollen, kommen hier noch ein paar Tipps.

Im Laufe des wichtigen Tages drehen viele Hunde immer mehr auf - die vielen Eindrücke können so schnell nicht adäquat verarbeitet werden. Nimmt der Hund keine Auszeit, indem er ein Nickerchen macht, ist er abends meist völlig überdreht. Die Nachwirkungen sowohl im Verhalten wie auch im Körper des Hundes reichen dann häufig bis weit in die folgende Woche hinein. Was kann man also tun, um das Ganze für den Hund nicht so belastend werden zu lassen?

Vor dem Wettkampf sollte der Hund einige Tage nichts Außergewöhnliches erleben. Der Hund vom Land sollte beispielsweise nicht gerade zu dieser Zeit einen seltenen Stadtspaziergang vollziehen. Auch ein Besuch auf dem Hundeplatz ist sehr anstrengend und sollte besser verschoben werden. Das DiscDogging-Training kann jetzt ruhig ein wenig kürzer ausfallen - das grundlegende Training sowie der Aufbau der Kondition hat schließlich schon Wochen vorher stattgefunden.

Unter das Futter kann man dem Hund auch die Tage vor, während und nach dem aufregenden Ereignis die Vitamine B und C mischen. Sie stärken das Nervenkostüm des Hundes und er kann so mit Belastungen besser umgehen.

Am Wettkampftag kann man den Hund beispielsweise mit pflanzlich wirkenden Mitteln wie Bachblüten ™ oder homöopathischen Präparaten unterstützen, die sanft wirken und die Psyche und den Körper entlasten. Entspannung erreicht man auch mittels Techniken aus dem Tellington-Touch®-Bereich oder Massagen. Aber das wichtigste sind Ruhepausen, in denen der Hund ein Schläfchen machen kann! Hunde verschlafen normalerweise den größten Teil des Tages! Es ist klar, dass dies an einem solchen Tag nicht möglich ist, aber man kann die Pausen nutzen, die sich bieten.

Es ist wert, sich einige Gedanken über die Ernährung am Wettkampftag zu machen. Industriefutter enthält beispielsweise sehr viele pflanzliche Füllstoffe (z.B. Weizen, Mais), die vom Hund schwer zu verdauen sind. Diese würden dann sehr lange im Verdauungstrakt liegen und machen dem Hund das sportliche Arbeiten nicht gerade leichter. Um dies zu verhindern, bekommt der Hund seine Mahlzeit möglichst früh, auch die Menge kann ruhig mal ein wenig geringer ausfallen. Ist der Hund auch an anderes Futter gewöhnt, kann man an diesem Tag auf leicht verdauliche Nahrung ausweichen.

Die Tage nach dem großen Ereignis sollen natürlich möglichst ruhig verlaufen - entspannende Spaziergänge und viel Schlaf sind das beste Mittel zur Erholung. Auch die oben erwähnten Maßnahmen können fortgesetzt werden.

Aus Fehlern lernen

Der Begriff Fehler ist hier sicher übertrieben, aber es ist durchaus sinnvoll, die Aufführung anschließend zu reflektieren. Dies gilt nicht nur für wirklich »ernste« Auftritte, sondern auch für Vorführungen jeglicher Art. Um sinnvoll zu reflektieren, sollte man nach einem Wettkampf ruhig erst einmal nach Hause fahren und ein wenig Ruhe einkehren lassen. Dann kann man in der Erinnerung das Ganze noch einmal durchgehen. Leichter ist es natürlich, wenn man die Kür auf Video hat. Aber auch eine zweite Person, die zugesehen hat, kann hilfreich sein. Auch wenn größere Fehler ausgeblieben sind, es gibt immer etwas, was man anders oder besser machen kann.

Es ist natürlich nicht möglich, sofort die ganze Aufführung zu »durchdenken« und jede Kleinigkeit zu sehen. Deshalb arbeitet man sich vom »Groben« ins »Feine« vor. Der erste Aspekt ist der Gesamteindruck.

Weiterhin kann man sich mit folgenden Gesichtspunkten beschäftigen:

* Wie wirkt das Zusammenspiel von Mensch und Hund?
* Erscheint alles möglichst »locker«, also nicht zu angespannt?
* Ist Harmonie zwischen Mensch und Hund erkennbar?
* Sind die Signale vom Mensch für den Hund leicht zu lesen?

* War die Musik gut gewählt?
* Haben die Sequenzen mit der Musik übereingestimmt?
* Hat die Musik zum Temperament des Hundes gepasst?

* Sind die Würfe korrekt ausgeführt?
* Ist die Scheibe für den Hund immer gut zu fangen?

* Sind die Übergänge zwischen den Tricks gut gelungen?
* »Stört« das Scheiben einsammeln möglichst wenig den Ablauf der Aufführung?

* Waren die Sprünge gelungen?
* Hat der Hund sich harmonisch bewegt?
* War beim Hund der Spaß am Spiel eindeutig erkennbar?
* Hat der Hund aufmerksam auf das nächste Signal von seinem Menschen geachtet?
* Wurde vom Hund alles schnell und freudig ausgeführt?

Aus Fehlern lernen

Es ist sinnvoll, sich ein Ritual vor jeder Vorführung anzugewöhnen. Dies könnte beispielsweise das ordentliche Sortieren der Scheiben sein. Dies führt in der Regel dazu, dass sowohl Mensch als auch Hund in die passende Spielstimmung kommen, weil der gewohnte Einstieg ins Spiel stattfindet. Falsch ist es dagegen, schnell auf den Platz zu hetzen, weil man schließlich aufgerufen wurde. Die Veranstalter haben für jeden Teilnehmer genügend Zeit eingeplant, so dass sich keiner hetzen muss.

Es sei angemerkt, dass es verschiedene Organisationen gibt, die Turniere durchführen. Die Reglements gleichen sich, sind aber nicht generell identisch. Die Beschreibung der Disziplinen in diesem Buch orientieren sich in erster Linie an den Regeln der German Disc Dog Association (GDDA) und den Unified Frisbee® Dog Operations (UFO). Die genauen Regeln sind im Internet unter www.discdogs.de und www.ufoworldcup.org nachzulesen.

Service

Ausbildung
für Mensch und Hund

flying-paws

August-Vilmar-Straße 7
D - 34576 Homberg
Telefon (0 56 81) 9 39 06 50
Telefax (0 56 81) 9 39 06 51
www.flying-paws.de
info@flying-paws.de
Christina Panse und Corinna Bachmann GbR

German Disc Dog Assocication (GDDA)
www.discdogs.de

Discrockers®
Jochen Schleicher
Frühlingsstrasse 2
D - 76131 Karlsruhe
Telefon (07 21) 3 84 32 82
www.discrockers.de

Literatur

Sabine Winkler
So lernt mein Hund - Der Schlüssel für die erfolgreiche Erziehung und Ausbildung
2001, Franckh-Kosmos-Verlags-GmbH & Co., Stuttgart
ISBN 3-440-08519-8

Irenäus Eibl-Eibesfeldt
Grundriß der vergleichenden Verhaltensforschung
8. Auflage, 1999, Piper Verlag GmbH, München
ISBN 3-492-04175-2

Martina Nagel und Clarissa v. Reinhardt
Stress bei Hunden
2003, animal learn Verlag, Grassau
ISBN 3-936188-04-1

Martin Pietralla
Clicker Training für Hunde
2000, Franckh-Kosmos-Verlags-GmbH & Co., Stuttgart
ISBN 3-440-08012-9

von Roel, Piet Beute-Faber
Atlas der Hunde-Anatomie. Der Hund von außen, von innen und in Bewegung
2000, 2. Auflage, Kynos Verlag Dr. Dieter Fleig GmbH, Mürlenbach
ISBN 3-924008-43-4

Birgit Laser
Clickertraining - Das Lehrbuch für eine moderne Hundeausbildung
2000, Cadmos Verlag GmbH, Lüneburg
ISBN 3-86127-710-7

Karen Pryor
Clicker - Positives Lernen für Hunde
2002, Kynos Verlag Dr. Dieter Fleig GmbH, Mürlenbach
ISBN 3-933228-50-6

Karen Pryor
Positiv bestärken, sanft erziehen - Die verblüffende Methode, nicht nur für Hunde
1999, Franckh-Kosmos-Verlags-GmbH & Co., Stuttgart

Turid Rugaas
Calming signals - Die Beschwichtigungssignale der Hunde
2001, animal learn Verlag, Grassau
ISBN 3-936188-01-7

Verzeichnis

Auto 78 ff.
Belohnung 20 ff., 36 f., 43, 47, 51 ff., 59, 64 f., 72
Elemente 53, 58 ff., 65, 71
Freestyle 9 f., 14, 17, 50, 53, 79
Freestyle-Kür 57
Klassische Konditionierung 22 f.
Lernen 22 f., 83
Lockmittel 25, 65
Long Distance 8, 11
Mini Distance 8, 59
Motivation 19 ff., 36
Operante Konditionierung 23
Packliste 78
Probleme 38
Rückhand 27 ff., 32
Rückhandroller 27, 35, 43, 48
Scheiben 9 f., 16 ff., 38 ff., 50 ff.
Scheibenhandling 57
Tricks 9, 14, 26, 31, 34, 45, 52, 75
Übernachtung 80
Vorhand 30 ff.
Vorhandroller 28, 48
Welpen 9, 13, 17, 48
Wurftechniken 9, 13, 27, 31 f.